基于生态创新的
矿产资源密集型区域
可持续发展研究

吴战勇　著

图书在版编目(CIP)数据

基于生态创新的矿产资源密集型区域可持续发展研究/吴战勇著．—武汉：武汉大学出版社，2017.3
ISBN 978-7-307-19157-0

Ⅰ.基… Ⅱ.吴… Ⅲ.矿产资源—资源经济—经济可持续发展—研究—中国 Ⅳ.F426.1

中国版本图书馆 CIP 数据核字(2016)第 326908 号

责任编辑：任仕元　　责任校对：汪欣怡　　整体设计：韩闻锦

出版发行：武汉大学出版社　　(430072　武昌　珞珈山)
（电子邮件：cbs22@whu.edu.cn　　网址：www.wdp.com.cn）
印刷：虎彩印艺股份有限公司
开本：720×1000　1/16　印张：15　字数：169 千字　插页：1
版次：2017 年 3 月第 1 版　　2017 年 3 月第 1 次印刷
ISBN 978-7-307-19157-0　　定价：38.00 元

版权所有，不得翻印；凡购我社的图书，如有质量问题，请与当地图书销售部门联系调换。

本书获严良教授主持的国家社会科学基金项目"矿产资源密集型区域可持续发展研究(NO.12BJL074)"资助。

前　言

本书系严良教授主持的国家社会科学基金项目"矿产资源密集型区域可持续发展研究"的阶段性成果。

本书稿完成于2014年冬，当时并不期望于出版，只是作为我的博士论文而完成。然而，近两年来矿产资源密集型区域在发展中遇到的许多问题和我在本书中的诸多观点、看法不谋而合，曾经阅读过我这篇书稿的朋友和一些通过博士论文库阅读过本书稿的读者给予了本书稿极高评价，也希望书稿能够出版，为更多的人提供参考。基于此，我才和武汉大学出版社联系确定本书的出版。新的数据并不一定就代表新的观点，为保留本书稿的原貌，本次出版对原书稿提出的观点和所用到的数据均不做任何修改。

因矿产资源具有分布不均衡性的特点，在一些矿产资源分布比较密集的地方，形成了矿产资源密集型区域，在这些矿产资源密集型区域又形成了一些矿业城市。矿产资源密集型区域作为我国重要的能源资源战略保障基地，新中国成立后，已累计生产原煤529亿吨、原油55亿吨、铁矿石58亿吨，为我国经济建设作出了巨大贡献，是国民经济持续健康发展的重要支撑。

前　言

由于矿产资源的不可再生性和可耗竭性、矿产资源开发利用过程中的强污染性、矿产资源密集型区域经济对矿产资源产业的强依赖性等原因，加上对资源占有的不公平性和财富分配不均等问题，使得这些区域的环境、经济、社会发展困难重重，很多区域甚至已经面临生存危机。如何探索出一条能够推动矿产资源密集型区域的自然生态环境、社会、经济三方面的协调、持续发展之路，显得非常必要和迫切。

现有文献主要从以下几个方面对矿产资源密集型区域的可持续发展问题进行了研究：矿产资源产业的可持续发展、矿产资源密集型区域的可持续发展模式、矿产资源密集型区域的创新系统等。这些研究具有很好的参考、借鉴意义，但也存在一些不足，如侧重于矿产资源产业本身的开发和利用，很少结合区域边界、资源产业可持续发展机制进行讨论；侧重于从资源角度探讨区域可持续发展，但显然矿产资源密集型区域的可持续发展并不仅仅依赖于资源；突出了创新、创新系统对于资源产业发展的价值，但忽视了矿产资源开发利用过程中的强污染性，因为创新并不是一定能够带来环境收益；忽视了区域创新能力建设，没有对创新及其系统如何促进矿产资源密集型区域可持续发展进行深入分析；忽视了区域竞争优势的培养，使矿产资源密集型区域的发展缺乏持续动力。

生态创新是以减少污染、改善环境、节约资源为目的而进行的创新或者是能带来良好生态效益的创新活动，可以从根本上带动和促进可持续发展及提升竞争力，是一个国家和地区获取持续竞争优势的重要途径。生态创新能够从根本上避免创新有可能对环境带来的危害性问题，实现环境收益；生态创新制度的形成为区域可持续发展提供了制度保障，推动了矿产资源产业向非矿产业的转型，实现了发展方式的转变；区域生态创新能力建设促进了区域竞争优势的形成。由此可以看出，基于生态创新的矿产资源密集型区域可持续发展研究，具有非常重要的理论意义和实践意义。

本书在对现有文献分析和对矿产资源密集型区域界定的基础上，综合运用生态创新理论、可持续发展理论、创新系统理论等多学科理论，构建了基于生态创新的矿产资源密集型区域可持续发展系统，并对其动力因素和运行机制进行了分析；借鉴可持续发展指标体系的构建原则，根据基于生态创新的矿产资源密集型区域可持续发展评价指标体系的构建目标，建立了基于生态创新的矿产资源密集型区域可持续发展评价模型；依据国际、国内有关标准规范确定了预警指标警限，针对平顶山市这一典型矿产资源密集型区域的发展现状，进行了评价和预警方面的案例分析；依据研究结果并结合生态创新内涵，提出了矿产资源密集型区域可持续发展的路径选择。

本书的主要研究工作及结论如下：

（1）在对矿产资源密集型区域的发展现状和现有文献对这一问题的研究现状分析的基础上，提出从生态创新这一新的视角研究矿产资源密集型区域的可持续发展。在生态创新观念驱动下，区域政府通过资源有偿使用、生态补偿、税收调节等政策，实现环境收益；通过政府、企业、居民、非政府组织等观念上的转变，创新基础设施的建设、创新资本的持续投入，达到制度、组织、技术上的生态创新，实现政府绿色管理、矿产资源产业链上下延伸、资源开发利用效率提高、非矿产资源产业快速发展、居民收入增加、环境质量改善、生态服务功能价值提升，形成区域的长期竞争优势，实现区域自然生态环境、经济、社会的协调和可持续发展。

（2）建立基于生态创新的矿产资源密集型区域可持续发展系统。依据生态创新理论、可持续发展理论、创新系统理论以及基于生态创新的矿产资源密集型区域可持续发展内涵，构建了基于生态创新的矿产资源密集型区域可持续发展系统。在该系统中，政府是区域生态创新环境建设主体，企业是生态技术创新主体，大学和科研机构是知识创新主体，中介机构是可持续发展活动服务主体。然后，从区域核心主体的外部影响因素、内部影响因素和生态创新的技术特点等方面分析了系统的动力影响因素。在此基础上构建了系统的运行机制，并讨论了其内部运作机理。

（3）结合生态创新的本质，构建了矿产资源密集型区域可持续发展评价指标体系。在生态创新理论的基础上，依据基于生态创新的矿产资源密集型区域可持续发展系统及其运行机制，结合可持续发展评价指标体系的构建目标和原则，从定性的角度，按照指标筛选流程，筛选出含有能够反映创新潜力和创新活力在内的34个指标，并引入了生态服务功能价值、人类发展指数、全要素生产率这3个能综合反映生态环境可持续发展能力、社会发展水平和科技进步对经济发展贡献的复合指标。采用层次分析法（主观赋权法）和熵权法（客观赋权法）相结合的综合集成赋权法，确定评价指标的权重；运用综合指数（LI）、持续指数（SI）和协调指数（CI）这3个指数对矿产资源密集型区域可持续发展状况进行衡量。采用惩罚型变权这种动态权变方法，建立了基于生态创新的矿产资源密集型区域可持续发展警情评价模型，依据国际、国内有关标准规范和专家经验，确定了预警指标警限。

(4) 选取"全国第二大煤城"平顶山市这一典型矿产资源密集型区域进行了案例分析。依据基于生态创新的矿产资源密集型区域可持续发展评价指标体系，通过文献检索、现场考察、专家访谈等方法收集相关数据，对平顶山市的可持续发展状况进行分析和预警。从评价和预警结果可以看出，平顶山市在2005年至2012年期间，采取了一系列保护和改善生态环境的重大举措，使生态环境得到有效保护和改善，生态环境变化态势趋向好转。但是，这一期间平顶山市科研机构R&D人员数、技术改造投入等部分反映创新潜力和能力的指标呈波动趋势，没有持续增加，说明该区域对创新能力建设的重视不够。反映到其经济子系统上的结果，就是经济可持续发展水平始终处于有警情的状态，发展速度较慢，产业结构仍以优势资源为基础，资源依赖性较强，资源型产业所占比重过大。在此状况下，如果不采取积极有效的措施，平顶山市的经济发展前景堪忧，甚至到某一时期，当矿产资源价格下跌、替代资源广泛使用或矿产资源衰竭时，平顶山市的经济发展必然受阻，进而导致平顶山市的整体发展不可持续。

(5) 提出基于生态创新的矿产资源密集型区域可持续发展的路径选择。通过对平顶山市的分析，可以看出：第一，区域生态创新能力状况直接影响着区域经济发展方式的转变。第二，基于生态创新的矿产资源密集型区域可持续发展是一个系统概念，单纯的某一或某些因素的改变可能会形成区域某一方面或某一个子系统的快速发展，或者是区域短时期内的快速发展，但如果忽视了其他因素的影响，就会造成区域内三个子系统之间发展的不均衡、不协调，进而影响到该区域发展的可持续性。所以说，要想形成矿产资源密集型区域的长期竞争优势，保证

前　言

该区域的可持续发展，就要加强区域生态创新能力建设，从区域可持续发展系统的整体性出发，探索能够提升矿产资源密集型区域可持续发展水平的路径。社会路径方面：加强生态创新制度建设，建立健全社会保障体系，加快公共基础设施建设，加快创新能力建设；经济路径方面：完善税收调控政策，推进经济转型的产业政策，提升区域竞争优势的财政政策；资源路径方面：加强政府调控和矿产资源规划，加大矿产资源勘查力度，加强技术创新，完善矿产资源有偿使用制度；环境路径方面：推行清洁生产，完善生态补偿机制，加强环境治理。

本书的创新之处如下：

（1）从生态创新视角研究矿产资源密集型区域的可持续发展问题。已有矿产资源密集型区域可持续发展方面的研究，多关注于矿产资源产业功能的可持续开发、矿业城市产业转型、矿产资源密集型区域的环境质量改善等方面，对支撑可持续发展的能力培养研究较少。本书从生态创新的视角，提出在改善自然生态环境的前提下，培育和发展区域的生态创新能力，形成区域的长期竞争优势，从而实现矿产资源密集型区域的可持续发展，是对区域可持续发展理论的有益补充。

（2）构建了基于生态创新的矿产资源密集型区域可持续发展系统。从生态创新环境建设、生态技术创新、知识创新、可持续发展服务等方面提出系统的构成主体，从区域核心主体的外部动力因素、内部动力因素和生态创新的技术特点三个方面分析系统的动力因素，并对系统的运行机制进行了研究。

（3）建立了基于生态创新的矿产资源密集型区域可持续发展综合评价模型。依据矿产资源密集型区域可持续发展指标体系的构建目标和原则，综合运用专家经验法和两两比较法，从定量方面筛选出能够反映区域生态创新能力和矿产资源密集型区域可持续发展状况的评价指标，建立了基于生态创新的矿产资源密集型区域可持续发展评价指标体系。针对学界对矿产资源密集型区域的可持续发展评价时单独采用主观赋权或客观赋权方法的缺陷，本书采用主观赋权和客观赋权相结合的综合赋权模型确定评价指标的权重，综合运用线性加权和非线性加权等方法，建立了基于生态创新的矿产资源密集型区域可持续发展综合评价模型。

（4）引入惩罚型变权方法构建基于生态创新的矿产资源密集型区域可持续发展动态警情评价模型。在基于生态创新的矿产资源密集型区域可持续发展预警评价中引入惩罚型变权方法，能够对评价指标的基础权重做出动态调整，有效解决了静态权重难以体现区域可持续发展预警动态性要求的缺陷，是可持续发展预警研究中的一种尝试和补充。

目　录

第1章　绪论 ……………………………………………………… 1
 1.1　研究背景 …………………………………………………… 1
 1.2　研究意义 …………………………………………………… 5
 1.3　文献综述 …………………………………………………… 6
  1.3.1　矿产资源产业对区域可持续发展的影响 ………… 6
  1.3.2　矿产资源产业的可持续发展 ……………………… 9
  1.3.3　矿产资源密集型区域的可持续发展 ……………… 11
  1.3.4　矿产资源密集型区域可持续发展的
      评价研究 ……………………………………… 15
  1.3.5　研究述评 …………………………………………… 17
 1.4　研究内容、方法及技术路线 …………………………… 19
  1.4.1　主要研究内容 ……………………………………… 19
  1.4.2　研究方法 …………………………………………… 22
  1.4.3　研究技术路线 ……………………………………… 23
 1.5　主要创新点 ……………………………………………… 25

第2章　相关概念及理论基础 ………………………………… 27
 2.1　矿产资源密集型区域的界定与特征 ………………… 27

目 录

  2.1.1 矿产资源密集型区域的界定 ………………… 27
  2.1.2 矿产资源密集型区域的特征 ………………… 30
 2.2 区域可持续发展的内涵 ……………………………… 32
 2.3 理论基础 …………………………………………… 33
  2.3.1 生态创新理论 ………………………………… 33
  2.3.2 可持续发展理论 ……………………………… 37
  2.3.3 创新系统理论 ………………………………… 41
 2.4 本章小结 …………………………………………… 51

第3章 基于生态创新的矿产资源密集型区域可持续发展框架体系构建 …………………………… 53

 3.1 生态创新对矿产资源密集型区域可持续发展的意义 ……………………………………………… 54
  3.1.1 提供动力源泉 ………………………………… 54
  3.1.2 提供最佳模式 ………………………………… 55
  3.1.3 提供技术支持 ………………………………… 57
  3.1.4 提供制度保障 ………………………………… 58
 3.2 基于生态创新的矿产资源密集型区域可持续发展内涵 ……………………………………………… 60
  3.2.1 内涵 …………………………………………… 60
  3.2.2 特征 …………………………………………… 61
  3.2.3 目标 …………………………………………… 62
 3.3 基于生态创新的矿产资源密集型区域可持续发展系统的构成要素 ……………………………… 63
  3.3.1 政府——生态创新环境的建设主体 ………… 64
  3.3.2 企业——生态技术创新主体 ………………… 66

  3.3.3 大学、科研机构——知识创新主体 …………… 67
  3.3.4 中介机构——可持续发展服务主体 ………… 68
 3.4 基于生态创新的矿产资源密集型区域可持续发展
    系统的运行机制 ………………………………………… 69
  3.4.1 动力因素分析 ……………………………………… 69
  3.4.2 运行机制 …………………………………………… 75
 3.5 本章小结 ……………………………………………………… 78

第4章 基于生态创新的矿产资源密集型区域可持续发展评价及预警 ……………………………………………… 79

 4.1 综合评价指标体系的建立 ……………………………… 79
  4.1.1 构建目标 …………………………………………… 79
  4.1.2 构建原则 …………………………………………… 80
 4.2 评价指标选取方法 ……………………………………… 82
  4.2.1 初选方法 …………………………………………… 82
  4.2.2 筛选方法 …………………………………………… 83
 4.3 综合评价指标体系确立 ………………………………… 84
  4.3.1 确立过程 …………………………………………… 84
  4.3.2 指标体系确立 ……………………………………… 85
  4.3.3 指标体系内容和指标的意义 …………………… 87
 4.4 矿产资源密集型区域可持续发展综合评价 ………… 96
  4.4.1 综合评价概述 ……………………………………… 96
  4.4.2 基于综合集成赋权法的可持续发展
     综合评价 ………………………………………… 102
  4.4.3 矿产资源密集型区域可持续发展综合评价
     指数 ……………………………………………… 106

目 录

4.5 矿产资源密集型区域可持续发展的预警 …………… 110
  4.5.1 概述 …………………………………………… 110
  4.5.2 矿产资源密集型区域可持续发展的预警
      体系构建及警限确定 …………………………… 114
  4.5.3 矿产资源密集型区域可持续发展的警情
      预测 ……………………………………………… 117
  4.5.4 矿产资源密集型区域可持续发展警情评
      价模型的确立 …………………………………… 122
4.6 本章小结 ……………………………………………… 127

第5章 基于生态创新的矿产资源密集型区域可持续发展评价的案例 …………………………………… 128

5.1 研究区域概况 ………………………………………… 128
  5.1.1 平顶山市的区域概况 ………………………… 128
  5.1.2 平顶山市经济发展现状分析 ………………… 130
  5.1.3 平顶山市社会发展现状分析 ………………… 132
  5.1.4 平顶山市资源环境现状分析 ………………… 133
5.2 平顶山市可持续发展状况评价过程 ………………… 135
  5.2.1 数据收集 ……………………………………… 135
  5.2.2 指标无量纲化处理 …………………………… 135
  5.2.3 指标权重值的确定 …………………………… 140
  5.2.4 平顶山市可持续发展综合评价结果 ………… 151
5.3 平顶山市可持续发展评价结果分析 ………………… 153
  5.3.1 可持续发展水平综合评价分析 ……………… 153
  5.3.2 协调性评价分析 ……………………………… 157
  5.3.3 持续性评价分析 ……………………………… 158

5.4 基于惩罚型变权的平顶山市可持续发展预警 ……… 159
  5.4.1 预警指标警限的确定 ………………………… 159
  5.4.2 基于 GM(1,1)模型的平顶山市可持续发展的
      警情预测 ……………………………………… 159
  5.4.3 基于惩罚型变权的警情评价 ………………… 170
  5.4.4 平顶山市可持续发展警情评价及其分析 …… 178
5.5 本章小结 …………………………………………… 184

第6章 基于生态创新的矿产资源密集型区域可持续发展路径选择 …………………………………… 185

6.1 矿产资源密集型区域可持续发展的社会路径 …… 187
  6.1.1 加强生态创新制度建设 ……………………… 187
  6.1.2 建立与健全社会保障体系 …………………… 189
  6.1.3 加快公共基础设施建设 ……………………… 189
  6.1.4 加快创新能力建设 …………………………… 190
6.2 矿产资源密集型区域可持续发展的经济路径 …… 191
  6.2.1 税收调控 ……………………………………… 191
  6.2.2 产业政策 ……………………………………… 191
  6.2.3 财政政策 ……………………………………… 192
6.3 矿产资源密集型区域可持续发展的资源路径 …… 192
  6.3.1 加强政府调控和矿产资源规划 ……………… 192
  6.3.2 加大矿产资源勘查力度 ……………………… 193
  6.3.3 加强生态技术创新 …………………………… 193
  6.3.4 完善矿产资源有偿使用制度 ………………… 194
6.4 矿产资源密集型区域可持续发展的环境路径 …… 194
  6.4.1 推行清洁生产 ………………………………… 194

6.4.2 完善生态补偿机制 …………………………………… 195
6.4.3 加强环境治理 ………………………………………… 195
6.5 本章小结 …………………………………………………… 196

第7章 结论与展望 …………………………………………… 197
7.1 主要结论 …………………………………………………… 197
7.2 研究展望 …………………………………………………… 200

后记 ……………………………………………………………… 203

参考文献 ………………………………………………………… 206

第1章 绪 论

1.1 研究背景

矿产资源是指经过地质成矿作用形成的,埋藏于地下或出露于地表,具有一定开发利用价值的矿物或者有用元素的集合体,是现代经济社会发展的重要物质基础。矿产资源产业作为我国国民经济的重要组成部分,为我国的经济社会发展提供了95%的一次能源、80%的工业原材料和75%以上的农业生产资料[1],在我国社会经济发展中具有重要的地位和作用。

矿产资源属于非可再生资源,并具有分布不均衡的特点,在一些矿产资源分布比较密集的地方形成了矿产资源密集型区域,在这些区域中又形成了一些矿业城市。矿业城市分布在全国的各个省、市、自治区,占全国城市总量的1/5[2],辖区人口超过3亿[1]。另外,矿产资源密集型区域作为我国重要的能源资源战略保障基地,新中国成立后,已累计生产原煤529亿吨、原油55亿吨、铁矿石58亿吨(全国资源型城市可持续发展规划,2013),是我国国民经济持续健康发展的重要支撑。

由于矿产资源的不可再生性和可耗竭性,目前,在我国 426 个矿业城市中[3],有超过 1/3 的矿业城市资源面临枯竭[4];占县域工业经济总量 30%的矿产资源型县域经济普遍面临发展压力[5]。又因矿产资源开发利用过程中的强污染性和区域经济对矿产资源产业的强依赖性等原因,使得这些区域的环境、经济、社会发展困难重重,很多区域甚至已经面临生存危机。如何探索出一条能够推动区域生态环境质量改善,矿产资源型产业转型,区域保持长期竞争优势的环境、社会、经济三方面的协调、持续发展之路,显得非常必要和迫切。

矿产资源密集型区域可持续发展过程中出现的这一系列问题,已引起政府和学者越来越多的关注。完善现代产业体系,谋求资源枯竭地区转型发展已被列为国家"十二五"规划纲要。党的十七大报告已把保护环境和节约资源定为国家的基本国策之一。近年来我国资源环境问题突出,且关于节约资源和保护环境的法律法规还不健全,要加快制定和完善节约资源和环境保护法律法规的步伐,逐步建立健全资源有偿使用制度和生态环境补偿机制,加快形成能够反映资源紧缺程度、能够反映带来环境问题的要素和资源价格关系的机制。

相关领域的学者则认为矿产资源密集型区域要想实现可持续发展需解决以下问题:

(1) 矿产资源产业的可持续发展问题

当前,大部分矿产资源密集型区域的主导产业仍旧是矿产资源产业,在该区域替代产业和新的经济增长点形成之前,其能否可持续发展直接影响着该区域社会经济的可持续发展。由于制度、资金、市场、技术等方面的原因,我国矿产资源产业的可持续发展还面临着以下问题:第一,对矿产资源的开发、利用缺乏科学规划，对资源市场缺乏宏观调控。第二，受资金和技术影响，对潜在矿产资源的勘查仍不到位。第三，受技术水平限制，我国的矿产资源产业开发、利用效率仍不高。第四，矿产资源市场和矿产资源有偿使用制度不完善。

(2) 区域生态环境问题

矿产资源的自然禀赋决定其与生态环境紧密相关。随着经济的快速发展，矿产资源被大范围地开采使用，带来了一系列环境问题，使该区域的生态环境遭到了严重破坏。据相关资料统计显示，在矿产资源开发过程中形成的固体废弃物排放量约占我国工业废弃物排放总量的85%[6]。矿产资源的开发过程会产生大量的废水，这部分废水占我国工业废水总量的10%以上。这些没有经过净化处理的废水直接排放到江河湖海中，对湖泊和海洋造成了巨大的污染。自然生态环境是人类赖以生存和发展的基本条件，人们生存、生活所需的一切物质均来源于自然界。采用哪些方法促进矿产资源密集型区域的环境质量改善和生态服务功能价值提升，直接关系着区域的可持续发展。

(3) 区域经济可持续发展问题

矿产资源密集型区域过分依赖于矿产资源的开采利用，使得这些区域产业结构单一，第二产业一业独大。由于矿产资源属于不可再生性资源，单纯依赖矿产资源的产业必然要经历一个从成长到成熟、最后衰退的过程，对矿产资源产业具有强依赖性的矿产资源密集型区域的经济发展也会有着相似的发展历程，最终会矿竭城衰。如何在矿产资源衰竭之前，利用矿产资源产业发展带来的人力、财力、技术优势带动矿产资源产业链的上下游延伸和其他产业的发展，逐步实现非矿产业对矿产资源产业的替代，促进经济从单一结构向多元结构的成功转换，为矿产资源密集型区域提供新的发展增长点和支撑点，是该区域保持经济活力和能够可持续发展的重要保障。

但是，需要指出的是：矿产资源产业的可持续发展、矿产资源密集型区域环境质量的改善以及区域经济向多元结构的转换可以改变矿产资源密集型区域的发展现状，但从长远来看，并不能形成矿产资源密集型区域的长期竞争优势，从而也就不能保证矿产资源密集型区域发展的可持续。

因此，矿产资源密集型区域在改变当前主要依靠矿产资源产业发展经济现状的同时，培育和发展能在未来市场上形成区域长期竞争优势的区域竞争力是区域能否真正可持续发展的关键。区域竞争力是区域获得长期竞争优势，保持可持续发展的动力。生态创新是围绕改善生态环境、减少资源浪费、减少环境污染等一系列环境保护而展开的创新活动，可以从根本上带动和促进可持续发展及提升竞争力[8]，是一个国家和地区获取持续竞争优势的重要途径[9]。建立在生态创新基础上的区域竞争力即区域生态创新能力是区域政府、企业、大学和科研机构、中介组织在生态创新观念的影响下，结合区域自然禀赋优势长期共同演化形成，其他区域通过模仿不能获得的，是区域能够长期保持可持续发展的能力。区域生态创新能力和区域可持续发展之间存在着正相关的关系。二者之间的一条逻辑链条如图1-1 所示。

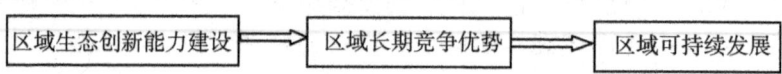

图 1-1　区域生态创新能力建设与区域可持续发展之间的关系

如何结合区域内的资源禀赋优势，通过矿产资源密集型区域内的社会路径、经济路径、资源路径、环境路径选择来构建能够培育和发展区域生态创新能力的可持续发展系统，形成区域的长期竞争优势，是矿产资源密集型区域可持续发展的根本之路。

1.2 研究意义

矿产资源在开发利用过程中带来的区域可持续发展问题具有潜伏性、间接性和社会性的特征，使得人们不能对这些问题进行正确评价，使得人们只能看到眼前矿产资源开发所带来的巨大经济效益而看不到后期可能存在的生态环境问题，这种情况加剧了矿产资源密集型区域经济对矿产资源产业的强依赖性和该区域的自然生态环境恶化，严重影响了区域经济社会的持续健康发展。区域作为可持续发展实现的主要载体，如何通过能够促进区域生态创新能力建设的矿产资源密集型区域可持续发展系统的构建，改善区域生态环境质量，改变区域经济结构，形成区域的长期竞争优势，对实现区域的可持续发展具有非常重要的理论意义和实践意义。本书主要从以下三个方面进行展开。

①在对已有文献和矿产资源密集型区域可持续发展问题研究的基础上，从生态创新这一视角对矿产资源密集型区域的可持续发展进行研究，提出通过培育和发展区域生态创新能力，形成区域长期竞争优势，实现区域可持续发展，既具有针对性也是对矿产资源密集型区域可持续发展研究的进一步深入。

②依据可持续发展理论、生态创新理论和创新系统理论等理论基础，建立基于生态创新的矿产资源密集型区域可持续发展系统框架体系，对其动力因素和运行机制进行分析，是对区域可持续发展理论的有益补充。

③构建基于生态创新的矿产资源密集型区域可持续发展评价体系和预警体系，为矿产资源密集型区域制定可持续发展目标，分析现状及差距，并动态调整可持续发展路径提供实践指导和决策参考。

1.3 文献综述

1.3.1 矿产资源产业对区域可持续发展的影响

矿产资源产业是指在矿产资源的勘查、开发、利用过程中有关经济活动的集合。矿产资源作为人类社会不断生存和发展的重要物质基础，会在人类的使用过程中不断消耗、递减。矿产资源的不断开发和利用在创造巨大财富的同时，也造成了大量的生态环境破坏。

在矿产资源密集型区域发展的初期，许多学者专家认为资源的开采利用是区域经济增长的重要催化剂[10]。1950年之后，开始有学者认为资源丰裕并不总是有利于区域的经济增长。Prebisch（1950）和Singer（1950）通过研究认为，资源丰裕的发展中国家由于过多地依赖资源产品的出口，当发达国家因技术进步减少对资源的进口时，将恶化发展中国家的贸易条件，拉大二者之间的经济差距[11]-[12]。20世纪90年代之后，越来越多的国内外学者开始关注区域可持续发展与资源诅咒现象之间的关系，并进行了广泛的研究。

国外的相关研究。如Sachs和Warner（1995）[13]、Torvik（2002）[14]、Arezki和Ploeg（2007）[15]、Papyrakis和Gerlagh（2007）[16]、Collier和Goderis（2009）[17]等指出，经济发展中的"资源诅咒"现象是存在的。Collads和Duane（1999）认为一个区域经济可持续发展可以从该地区的自然环境服务功能、可持续发展的能力和资源的可再生能力来判定[18]。David（1992）认为飞速发展的全球经济带来了自然资源的大量浪费，只有改变规则使环境成本内生化，才能改变目前工业发展引起生态环境恶化的局面[19]。Wellmer和Becker（2002）指出，不可再生矿产资源的过度开发利用将破坏植被，严重污染环境[20]。Platt（2004）认为全球资源是有限的，全球人口却一直呈爆炸式增长，带来了一些严重的经济、社会和环境问题[21]。Priemus（1999）采用生态环境影响链条的理论指出影响城市系统的区域生态环境、物质流和参与者的作用，认为区域生态环境决定环境质量，参与者通力合作对可持续发展能力提升有至关重要的作用，能源、资源、水、废弃物和交通等和城市有关的物质流又会影响到生态环境[22]。

国内的相关研究。国土资源部西部开发办调研组（2002）[23]、贾若祥（2005）[24]、张秀生和盛见（2008）[25]等指出，我国矿产资源产业由于开采的不规范、无秩序造成了资源的严重浪费和生态环境恶化等问题。徐康宁和王剑（2006）等，根据资源诅咒假说理论进行了实例验证，数据结果表明，大多数拥有丰富自然资源的省份，丰裕的自然资源并没有为经济的快速发展提供有利的条件,反倒限制了经济增长[26]。邵帅和齐中英(2008,2009)解释了资源丰富的输出型区域的资源诅咒问题,指出过度开发资源与技术创新并不是相互促进的,而是有一定的挤出效应。研究表明这一挤出效应体现在丰富的矿产资源和高昂的价格会导致技术创新和长期经济增长的速度减缓。依据研究结论,中央和地方政府需要共同对技术研发能力、产业结构调整和人力资本积累三大方面同时加强来提高资源型地区的技术创新能力,从而促进其区域经济增长[27]-[28]。刘长生(2009)通过实证研究证明自然资源禀赋在中国经济增长中的负面效应总体上大于正面效应,相应的负面效应表现为投资减少、技术创新不强、对外不够开放、社会法治程度不高等间接因素阻碍了经济的持续健康增长[29]。邵帅和杨莉莉(2010)指出,丰富的矿产资源在短时间内确实能够促进该区域经济增长,但矿产资源产业一业独大又限制了该区域的经济增长能力,资源诅咒效应明显存在[30]。李国平和宋文飞(2011)通过实证分析发现我国矿产资源丰裕区域所采用的资源开发模式在一定程度上能够带动技术的进步,但对技术效率水平的提高无益;城市化水平对生态足迹效率有着显著的负向影响,而工业化水平和外商直接投资水平则有着显著的正向影响[31]。周建发(2012)认为"资源诅咒"严重制约着我国矿产资源密集型区域的发展水平,而产生"资源诅咒"的原因主要是矿产资源产业独大、人居生态环境遭到严重破坏以及人力资源技术创新严重滞后[32]。黄悦和刘继生(2013)运用地理学的理论和方法对资源诅咒的本质内涵进行了阐述,认为自然资源在为人类社会带来巨大经济效益的同时也会带来一些无关经济方面的影响[33]。马立强和马添(2014)认为,"资源诅咒"陷阱的产生不是因为资源丰裕，而是因为传统产业发展模式的传导机制阻碍了矿产资源的优化利用，最终形成"资源诅咒"现象[34]。

由以上研究可以看出，资源诅咒现象在促进该区域经济增长的同时，还会带来一些资源浪费、生态环境破坏、技术创新不高、人力水平不高等负面影响。如何克服这些负面影响，并结合矿产资源密集型区域自身优势，培育和发展区域的长期竞争优势，实现区域可持续发展，是本书研究的目的。

1.3.2 矿产资源产业的可持续发展

目前，在矿产资源密集型区域，矿产资源产业一业独大，区域经济对矿产资源产业的依赖性极高，矿产资源产业能否保持生态可持续发展直接影响着矿产资源密集型区域的生态环境、经济、社会的可持续发展；在区域长期竞争优势形成之前，区域的可持续发展完全取决于矿产资源产业的可持续发展。因此，对矿产资源产业可持续发展的研究具有重要的现实意义。对此，国内外专家学者都进行了广泛的研究。

国外的相关研究。Hartwick（1977）研究指出了矿产资源开采的最优路径与战略选择[35]。Mikesell（1994）将可持续发展理论引入矿产资源领域，认为要实现矿产资源产业的可持续发展必须在节省税收的同时再投入一定的资金，资金量要与矿产品年净收入等值[36]。Santos 和 Zaratan（1997）认为影响矿产资源产业可持续发展的因素主要有矿产资源的储备水平、价格、生产水平、利率，因此可以通过对区域矿产资源储备水平的定期监控强化企业管理者的社会责任心[37]。Leamont（1997）认为技术进步可以促进矿产资源产业发展的可持续[38]。Amankwah

和 Anim-Sackey（2003）认为可以通过协调矿产资源产业自身内部各部门的合作和加强与不同产业之间的合作等方式来实现矿产资源产业的可持续发展[39]。Regan（2006）运用系统动力学的原理和方法对系统建立了数学模型，分析了矿产资源产业发展中的环境和经济因素[40]。Hilson（2006）对 Whilst 基于矿产是不可再生能源而矿业是不可持续的看法提出自己的观点，他强调矿业是可持续的，提出某些具有丰富矿产资源而贫困的国家可以进行跨国的矿产资源产业运作，并分析了这种运作的功效。并认为矿产资源产业的可持续发展问题可以从企业的环境管理系统、社会责任、自然环境生态等方面进行研究[41]。Christmanna 等（2007）认为矿产资源的利用应向高回收率、低成本、节能环保、健康安全方向发展[42]。Collier 和 Goderis（2009）指出矿产资源的勘查难度不断加大影响着矿产资源的可持续发展[17]。

国内的相关研究。成金华（1997）根据对市场经济体制适应的情况，从市场结构、资源产权等方面对我国矿产资源产业的发展进行了研究[43]。李燕群、贾瑞强等（2006）、郑金鑫（2012）认为实现矿产资源综合利用的有效途径是循环经济[44]-[45]。董武斌、白俊等（2007）认为通过加强矿产资源开发中的过程控制，比如工艺改造等可以提高矿产资源的综合利用率[46]。魏晓平（2008）认为矿产资源开发中的顺序比较重要[47]。谢雄标和严良（2009）认为矿产资源产业是一个复杂的系统，应该从生态的角度按照复杂系统演化规律来分析其变化[48]。孟令刚和孙忠强（2010）提出解决资源问题的关键是可持续发展战略的实施，并认为矿产资源的综合利用是实现可持续发展的重要保证[49]。罗小南（2010）认为矿产资源开发过程中各种违规无序操作影响了矿产资源产业的可持续发展，因此要实现矿产资源合理合法开发、长期利用和安全生产，就必须建立和规范良好的矿产资源开发秩序[50]。谢雄标等（2011）分析并构建了矿产资源产业可持续发展模式及实现机制，提出技术创新型矿产资源产业集群是矿产资源产业可持续发展的唯一选择，应通过建立产业绿色技术的创新机制、产业共生机制、矿产资源产业与生产服务业和高技术制造业的联动机制、政府作用机制，实现矿产资源产业可持续发展[51]。汪民（2012）认为可以通过加强对采矿人勘查开采活动的监管，同时提高矿产资源的利用率，发展绿色矿产资源产业等措施，促进矿产资源产业的可持续发展[52]。杨琢、马向平（2012）提出，可从整合法律法规、创新法律制度、实施法律监管、追究法律责任等方面来实现我国煤炭资源的可持续发展[53]。雷佑新等（2013）认为可以通过提高行业成本利润率、改善交通运输条件、加大对新能源的开发利用、不断进行科技创新来提高对矿产资源可持续利用能力[54]。纪玉山等（2013）提出可通过完善规划立法、明确部门职能、强化制度建设等政策措施，实现矿产资源与经济社会的可持续协调发展[55]。王斌（2014）认为应从增加矿产资源的供给、节约利用资源、发展替代资源三个途径实现资源的可持续[56]。吴战勇和严良（2014）提出应加强耗竭资源、急需资源、替代资源的勘查力度，并通过科技创新和先进的管理手段来提升矿产资源产业的可持续发展水平[57]。

1.3.3 矿产资源密集型区域的可持续发展

国内外学者对于矿产资源密集型区域可持续发展的研究也

作了很多有意义的探索。

国外的相关研究。Bradbury（1979）认为政府要加强引导资本和劳动力向资源密集型城市的流入，并推动资本的积极扩张和建立相应的基础设施[58]。Marsh（1987）认为美国的煤炭资源密集型城市经历了两个明显的阶段，第一阶段是物质财富丰富、精神财富缺乏的工业化早期阶段，第二阶段是人们精神财富丰富而物质相对缺乏的资源开发衰退阶段，在这两个阶段之间是一段几十年稳定发展期[59]。Gill（1990）认为必须以城市规划的手段来加强资源型城市的社区互动，后来这一理念也被加拿大用来作为城市规划的重要思想[60]。Priemus（1999）指出资源型城市经济要想实现可持续发展就必须加大环境的投资治理[61]。Melanie等（2009）在研究澳大利亚经济转型升级时发现，加大政策的扶持和提高教育、卫生、住房、就业保障才能实现产业转型升级[62]。Fagerberg（2009）和Saether（2011）认为，创新是资源型区域可持续发展过程中极其重要的关键因素，因此要加强区域创新体系建设[63]-[64]。

国内的相关研究。针对我国特有的矿产资源密集型区域现状，我国学者也进行了相应的对策机制方面的研究。沈镭（1998，1999）从矿区生命周期、经济转型、城市职能、政企分开等角度提出了矿业城市可持续发展的一些观点[2],[65]。张以诚（1999）论述了一系列矿业城市面临的主要问题，包括资源衰竭、产业单一、基础设施不完善、生态环境恶化和就业压力较大等主要问题，分析了产生这些问题的社会经济原因，提出了解决问题的五条措施和六条对策建议[66]。赵天石（2004）、沙景华（2006）、康乐（2006）、李咏梅（2006）、朱明峰（2005）、张军涛（2001）等从生态重建、环境保护等方面提出了一些实现资源型城市协调发展的政策、措施和建议[67]-[72]。李茹宝（2007）、田秀兰（2008）提出通过改变金融学视角中的税收和外汇外贸政策来提高资源密集型城市的可持续发展能力[73]-[74]。鲍寿柏（2000）、刘爽（2006）、张冬冬（2007）、段彩芹（2011）等从经济转型方面提出了部分对策和建议[75]-[78]。龙如银、周德群（2003）和高建民（2011）指出通过建立完善与资源相关的产业链和产业集群，利用聚集效应和协同机制，从而实现矿产资源密集型区域的可持续发展之路[79]-[80]。杜辉（2013）从资源型城市可持续发展保障的策略转换这个视角出发，以政策性保障路径带来的沉淀成本为切入点，采用比较分析和建构的方法，指出资源型城市可持续发展的保障策略应改变传统的以政策为导向的传统路径，代之以法律为主导的法制化路径。在厘清资源型城市的社会结构、制度结构、利益结构、资本结构的基础上，以资源开发与补偿、资源产业衰退与援助、新旧产业接续、民生与经济发展、投入与模式转型、发展和生态环境等关键性矛盾为核心建构了资源型城市可持续发展条例[81]。付桂军（2013）根据资源诅咒破解理论，采用层次分析法和模糊综合评价法相结合的方法构建出资源密集型区域可持续发展评价指标体系，该指标体系建成后采用内蒙古和山西这两个典型的以煤炭资源集聚的城市进行分析，通过分析比较后认为当发展水平大于 0.5 就破解了资源诅咒[82]。郭丕斌（2013）指出，在以煤炭为主的能源消费结构未发生实质性改变的情况下，单从经济层面难以实现煤炭资源型经济的转型。而应通过政府鼓励供需创新政策，支持企业进行能源技术的创新，通过改善能源供需结构引导煤炭资源型经济转型[83]。王海燕（2014）提出了煤炭资源型城市生态城市建设的措施，指出要实

第 1 章 绪　　论

现城市的经济效益、社会效益和环境效益三者的和谐统一，需要做好受损弃置地的生态修复[84]。武非平（2014）初步构建了节能减排、城市环境、绿化水平三项二级指标，万元 GDP 能耗（逆指标）、万元 GDP 主要污染物排放量（逆指标）、燃气普及率、城市生活垃圾无害化处理率、城市污水处理率、二级以上良好天气率、森林覆盖率、建成区绿化覆盖率、人均公共绿地面积九项三级指标组成的资源型城市生态环境指标体系。并在全国范围选取了 26 个省会城市，研究得出森林覆盖率、万元 GDP 能耗和万元 GDP 主要污染物排放量这三项指标是生态环境领域的短板，在此基础上提出了相应的对策：一是强化污染物排放控制措施，构建合理的产业体系；二是加强城镇化进程中的环境保护，确保城市生态环境良性循环；三是完善生态环境体制机制建设；四是加大生态环境建设力度，构筑城市生态屏障[85]。陈江波（2014）指出，我国资源型城市要走上可持续发展的转型之路，就必须坚持经济、社会、环境协调发展，在政府的宏观指导下建立"低耗能、低排放、低污染"的绿色发展模式，加大对环境技术创新的资助，广泛开展国际合作交流，全面谋求资源型城市可持续发展转型的有效途径。也就是加大政府对生态环境管理的力度，推广生态创新技术，加强与先进国家的合作。我国资源型城市生态转型必须建立在社会、经济、环境协调发展的框架下，由政府主导，统筹设计，实施"低耗能、低排放、低污染"的经济发展模式，加大环境技术研发与推广，广泛开展国际交流与合作，全方位探索资源型城市生态转型有效路径，即加大政府生态经济管理力度，创新生态经济发展模式，研发与推广生态经济发展技术，加强国际生态经济合作[86]。

1.3.4 矿产资源密集型区域可持续发展的评价研究

国内外学者从不同角度多个方面展开了对矿产资源密集型区域可持续发展评价指标体系的研究。

国外的相关研究。Azapagic（2004）建立了以经济、社会和环境三个子系统的矿产资源密集型区域可持续发展指标体系[87]。Krajnc 和 Glavic（2005）采用了结合实例研究的归一评价模型对矿产区域的可持续发展进行研究[88]。Regan 和 Moles（2006）运用系统动力学建立了矿产资源密集型区域可持续发展的数学模型，对矿产资源产业发展的环境和经济因素进行了系统分析[89]。Merlina（2010）开发出了可持续发展战略框架，在社会维度上运用二分法的角度，使得可持续发展战略更易于实现[90]。Sinclair（2011）归纳总结了经常用于可持续发展评价的方法，并在此基础上提出了一种发展的新方法，该方法是对那些常用方法的发展和延续[91]。Mirjana（2011）采用线性评价的理论和方法，研究了矿产区域可持续发展系统中生态要素和经济要素之间的关系[92]。

汤万金等（2000）建立了矿区可持续发展多层次评价指标体系[93]。朱德元等（2005）提出了包括6个方面31项经济社会发展指标作为评价资源型城市转型的客观标准[94]。杨昌明等（2001）提出了一个可以动态衡量矿产资源可持续发展的崭新指标体系——焦点问题法，引进一些新的动态评价指标：竞争力、消耗力、结构力、破坏力、承载力、环保力和矿业发展力[95]。余敬（2002，2007）指出，矿产资源可持续发展竞争力是一个多维度的系统概念，该系统是一个和数量、质量且和时空有关的强调环境和发展协调的概念。该系统由不同的指标体系构成，这些指标体系包括社会、生态、经济、资源和智力，各个指标体系结合反映出某区域的可持续发展水平。并采用"聚焦法"构建出以"发展力"和"协调力"为两大支撑功能的矿产资源密集型区域可持续发展竞争力系统[96]-[97]。李晶等（2005）提出了基于社会、经济、环境、资源4个方面的29个指标体系[98]。朱明峰等（2005）提出了基于经济、社会、环境发展三方面的18项指标[99]。苏哲（2007）提出基于经济、社会、资源、环境四个方面的34个指标[100]。王菲（2008）提出基于社会、经济、环境、资源四方面的61个指标[101]。吴冠岑（2007）还针对资源型城市的产业转型提出了相应的评价指标体系[102]。刘剑平（2007）在前人的基础上提出了资源型城市可持续发展个性化指标体系等[103]。臧淑英（2006）、李明明（2008）运用生态足迹理论方法分别对大庆市和徐州市可持续发展程度进行了定量评价[104]-[105]。张永凯（2006）运用熵值法对干旱区资源型城市的经济可持续发展进行了评价[106]。王世鹏（2010）等提出了矿业城市可持续发展能力以及区域矿产资源、环境与经济社会复合系统指标体系[107]。王丽琼（2010）以矿产资源密集型城市的经济、人口和资源为子系统，建立了煤炭密集型城市发展的系统边界，设计了煤炭城市发展的系统动力学模型[108]。单惠婷（2011）运用灰色关联法和层次分析法对黑龙江省的可持续发展能力进行了评价[109]。齐义军和付桂军（2012）运用模糊综合评价方法，对内蒙古、山西和黑龙江三个典型资源密集型区域可持续发展水平进行了评价[110]。汪克亮（2013）基于熵权因子分析法，以全国18个煤炭资源型城市为研究对象，构建了煤炭资源型城市可持续发展能力评价指标体系并对其进行了测度[111]。段永峰和罗海霞（2014）构建了DEA模型，对内蒙古自治区乌海市、兴安盟、鄂尔多斯市等典型地级资源型城市进行了相对综合评价及技术和规模有效性评价[112]。

1.3.5 研究述评

综上所述，国内外的学者专家关于矿产资源密集型区域可持续发展的研究纷繁众多，关于这方面的文献资料更是不胜枚举，相关学者对矿产资源密集型区域可持续发展相关方面的研究趋于深入。学者们关注的方向主要存在于以下几个方面：矿产资源型产业的可持续发展、产业结构转型、创新与矿产资源产业发展的关系、矿产资源富地要由资源型向效益型转变并实施循环经济和可持续发展模式。可以发现，大量的研究成果都是从改变矿产资源密集型区域的现状出发，探讨如何改变区域目前的发展现状，从而促进区域的产业结构转型、环境质量改善，实现区域矿产资源产业的可持续发展和区域产业由矿产资源产业向非矿产业的转变，这些研究对解决和改变目前的矿产资源密集型区域的发展问题很有借鉴意义，但因其忽视了对区域可持续发展能力的培养，很难形成区域的长期竞争优势，也就不能保证区域真正意义上的可持续发展。

关于资源密集型区域可持续发展综合评价研究的文献大多建立了评价的指标体系，根据指标体系提出了相关的评价方法，而具体结合实证的分析比较少，并且对矿产资源密集型区域的评价研究以静态评价为主，缺少动态的预警研究，因此对资源密集型区域可持续发展的研究不全面。研究这些文献可以发现评价指标大体上可以分为两类，一类是从区域的经济、社会、资源和环境的角度，另一类是从发展水平和协调水平的角度，这些指标层面上存在着较大差别，不能完全反映出矿产资源密集型区域可持续发展的水平，因而这些指标的选取显得不够全面。

总体来看，这些研究成果表明对矿产资源密集型区域可持续发展系统数学模型的建立还有待完善；研究方法上缺乏实证分析论证；对策建议上仅关注于表层或某一侧面，不能给出全面合理的政策建议，多数学者从矿产资源的循环开发利用、矿产资源再加工、矿产资源产业转型升级、技术创新改革、生态环境综合管理等方面对矿产资源密集型区域可持续发展提出了意见和建议，单纯强调了某个或某些因素对区域可持续发展系统的影响，可能这些建议在短时期内会对矿产资源密集型区域可持续发展产生有益的影响，但不能形成长期的有效竞争力。

矿产资源密集型区域可持续发展是由人口、社会、资源、环境和经济等要素相互影响的复杂系统。矿产资源的开发利用对区域的可持续发展进程具有双向调控作用，既可能促进区域的经济发展，也可能延缓或破坏区域的经济发展（即资源诅咒）。同时，矿产资源密集型区域可持续发展系统是一个开放系统，系统与外部环境之间、组成系统的各要素或子系统之间在不停地进行物质、信息、能量等的交换，系统处于不断的运动变化之中。如何从矿产资源密集型区域可持续发展的系统性出发，在改善自然生态环境的基础上，结合矿产资源密集型区域特有的要素禀赋和发展现状，培育和发展区域的生态创新能力，形成区域的长期竞争优势，并在此基础上分析其动力机制是本书面临的难题。另外，基于生态创新的矿产资源密集型区域可持续发展的评价研究及动态预警分析也处于缺失状态，这必将是今后学界关注的热点。

1.4 研究内容、方法及技术路线

1.4.1 主要研究内容

本书主要从生态创新的视角探讨矿产资源密集型区域的可持续发展问题，并依据生态创新理论对矿产资源密集型区域可持续发展能力进行评价和预警。全书共分7章，且各章之间呈逻辑递进关系。本书主要研究内容如下：

① 在对矿产资源密集型区域的发展现状和现有文献对这一问题的研究现状分析的基础上，提出从生态创新这一新的视角研究矿产资源密集型区域的可持续发展。在生态创新观念驱动下，区域政府通过资源有偿使用、生态补偿、税收调节等政策，实现环境收益；通过政府、企业、居民、非政府组织等观念上的转变，创新基础设施的建设，创新资本的投入，达到制度、组织、技术上的生态创新，实现政府绿色管理、矿产资源产业链上下延伸、资源开发利用效率提高、非矿产资源产业快速发展、居民收入增加、环境质量改善、生态服务功能价值提升，形成区域的长期竞争优势，实现区域自然生态环境、经济、社会的协调持续发展。

② 建立基于生态创新的矿产资源密集型区域可持续发展系

统。依据生态创新理论、可持续发展理论、创新系统理论以及基于生态创新的矿产资源密集型区域可持续发展内涵，构建了基于生态创新的矿产资源密集型区域可持续发展系统。在该系统中，政府是区域生态创新环境建设主体，企业是生态技术创新主体，大学和科研机构是知识创新主体，中介机构是可持续发展活动服务主体。然后，从区域核心主体的外部影响因素、内部影响因素和生态创新的技术特点等方面分析了系统的动力影响因素，并在此基础上构建了系统的运行机制，讨论了其内部运作机理。

③ 结合生态创新的本质，构建了矿产资源密集型区域可持续发展评价指标体系。在生态创新理论的基础上，依据基于生态创新的矿产资源密集型区域可持续发展系统及其运行机制，结合可持续发展评价指标体系的构建目标和原则，从定性的角度，按照指标筛选流程，筛选出含有能够反映创新潜力和创新活力在内的 34 个指标，并引入了生态服务功能价值、人类发展指数、全要素生产率 3 个能综合反映生态环境可持续发展能力、社会发展水平和科技进步对经济发展贡献的复合指标。采用层次分析法（主观赋权法）和熵权法（客观赋权法）相结合的综合集成赋权法，确定评价指标的权重；运用综合指数（LI）、持续指数（SI）和协调指数（CI）这 3 个指数对矿产资源密集型区域可持续发展状况进行衡量。采用惩罚型变权这种动态权变方法，建立了基于生态创新的矿产资源密集型区域可持续发展的警情评价模型，依据国际、国内有关标准规范和专家经验，确定预警指标警限。

④ 选取"全国第二大煤城"平顶山市这一典型矿产资源密

集型区域进行案例分析。依据基于生态创新的矿产资源密集型区域可持续发展评价指标体系，通过文献检索、现场考察、专家访谈等方法，收集相关数据，对平顶山市的可持续发展状况进行分析和预警。从评价和预警结果可以看出，平顶山市在 2005 年至 2012 年期间，制定了一系列管理办法来治理污染、保护环境，这一系列措施也起到了保护环境、改善生态的效果。但是，这一期间平顶山市科研机构 R&D 人员数、技术改造投入等部分反映创新潜力和能力的指标呈波动趋势，没有持续增加，说明该区域对创新能力建设的重视不够。反映到其经济子系统上的结果，就是经济可持续发展水平始终处于有警情的状态，发展速度较慢，产业结构仍以优势资源为基础，资源依赖性较强，资源型产业所占比重过大。在此状况下，如果不采取积极有效的措施，平顶山市的经济发展前景堪忧，甚至到某一时期，当矿产资源价格下跌、替代资源广泛使用或矿产资源衰竭时，平顶山市的经济发展形势必然受阻，进而导致平顶山市的整体发展不可持续。

⑤ 提出基于生态创新的矿产资源密集型区域可持续发展的路径选择。通过对平顶山市的案例分析，可以看出：第一，区域生态创新能力状况直接影响着区域经济发展方式的转变。第二，基于生态创新的矿产资源密集型区域可持续发展是一个系统概念，单纯的某一或某些因素的改变可能会形成区域某一方面或某一个子系统的快速发展，或者是区域短时期内的快速发展，但如果忽视了其他因素的影响，就会造成区域内三个子系统之间发展的不均衡、不协调，进而影响到该区域发展的可持续。所以说，要想形成矿产资源密集型区域的

第 1 章 绪　　论

长期竞争优势，保证该区域的可持续发展，就要加强区域生态创新能力建设，研究区域的可持续发展不能片面地只盯着某个指标要素，要以系统的整体性为出发点探索能够提升矿产资源密集型区域可持续发展水平的路径。社会路径方面：加强生态创新制度建设，加快加大公共基础设施的建设力度，健全社会保障体系，加快生态创新能力的建设；经济路径方面：完善税收调控政策、推进经济转型的产业政策、提升区域竞争优势的财政政策；资源路径方面：加强政府调控和矿产资源规划，加大矿产资源勘查力度，加强技术创新，完善矿产资源有偿使用制度；环境路径方面：推行清洁生产，完善生态补偿机制，加强环境治理。

1.4.2　研究方法

本书结合矿产资源密集型区域的特征，从生态创新这一新的视角对其可持续发展问题进行研究。在研究过程中需要涉及多个学科门类的知识，会运用到环境学、资源管理学、经济学、数学分析等知识，具有学科综合交叉的特点，因此，研究过程中需要科学的方法论作指导。本书研究中除采用定性分析与定量分析、规范分析与实证分析、静态分析与动态分析外，还用到以下研究方法：

① 文献检索法。通过阅读大量的国内外关于资源密集型区域可持续发展研究的文献，全面把握该研究的进展和研究方法，从中吸取有参考价值的知识，为本书研究打下理论基础。

② 实地考察法。选取矿产资源密集型区域的典型代表——平顶山市作为考察地，调查其在可持续发展过程中遇到的主要

困难和难题，为其可持续发展指出预警方法。

③ 数理统计法。在对可持续发展评价指标赋权时，为保证各指标权重的科学性，综合运用了层次分析法和熵权法。在对矿产资源密集型区域的可持续发展进行预警研究时，运用灰色预测 GM（1，1）和惩罚型变权的方法对其进行评价、预测和调控分析，从数理上找出相关规律，指导研究工作。

④ 专题访谈法。采用调查问卷和随机访问等方式对相关领域的学者、专家和专业人士进行访谈，确定矿产资源密集型区域可持续发展系统指标体系的选择，确保指标体系选择的科学性和合理性，同时了解其对矿产资源密集型区域的可持续发展评价指标选择及赋权、预警和调控对策的实施建议。

1.4.3 研究技术路线

在对矿产资源密集型区域可持续发展的研究现状及文献述评研究的基础上，综合运用可持续发展理论、生态创新理论、创新系统理论等，以生态创新为新的视角建立了矿产资源密集型区域可持续发展系统，提出了系统的构成主体，并对其动力因素和运行机制进行了研究，在此基础上设计了基于生态创新的矿产资源密集型区域可持续发展评价指标体系和综合评价模型，并引入惩罚型变权方法建立了基于生态创新的矿产资源密集型区域动态警情评价模型，结合平顶山市的发展现状对其进行了可持续发展评价和预警研究，最后提出有针对性的提升路径。

具体的研究技术路线图如图 1-2 所示。

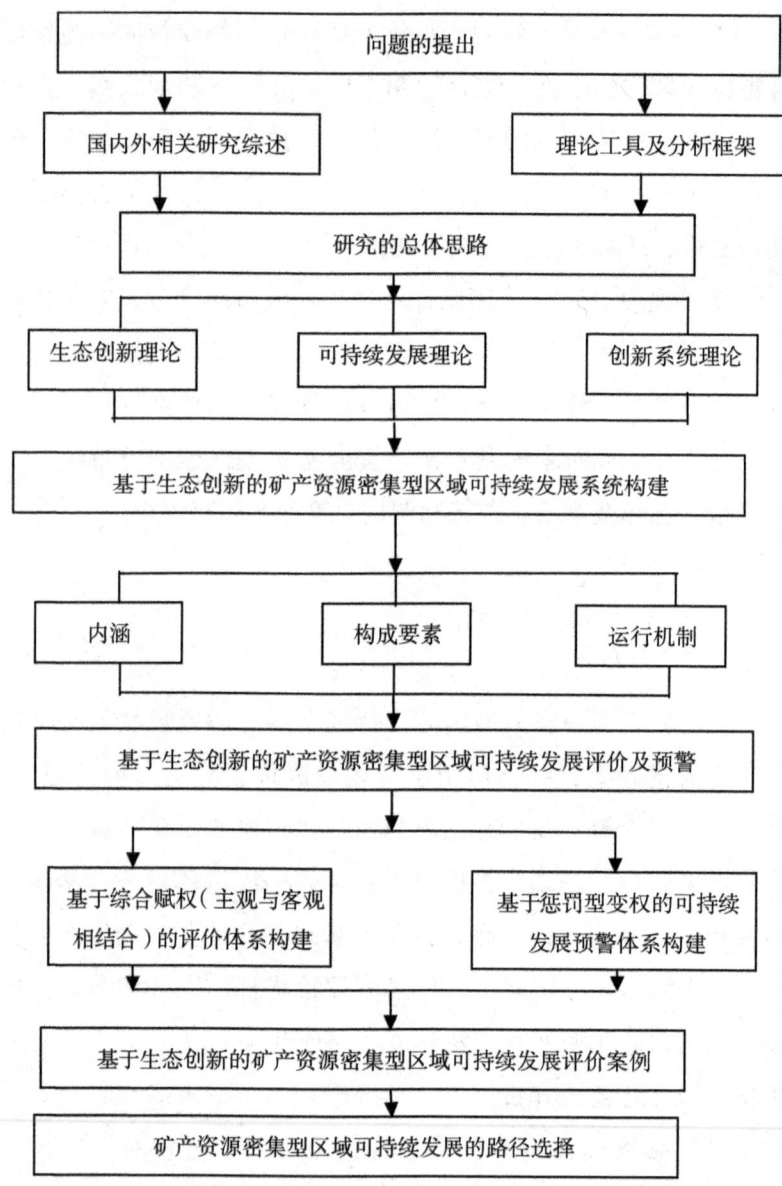

图 1-2 研究技术路线图

1.5 主要创新点

本书的创新之处如下：

① 从生态创新视角研究矿产资源密集型区域的可持续发展问题。目前关于矿产资源密集型区域可持续发展的研究多关注于矿产资源产业功能的持续开发、矿业城市产业转型、矿产资源密集型区域的环境质量改善等方面，对支撑可持续发展的能力培养研究较少。本书从生态创新的视角，提出在改善自然生态环境的前提下，培育和发展区域的生态创新能力，形成矿产资源密集型区域长期竞争优势，进而达到区域可持续发展的目的，是对区域可持续发展理论的延伸和补充。

② 构建了基于生态创新的矿产资源密集型区域可持续发展系统。从生态创新环境建设、生态技术创新、知识创新、可持续发展服务等方面提出系统的构成主体，从区域核心主体的外部动力因素、内部动力因素和生态创新的技术特点三个方面分析系统的动力因素，并对系统的运行机制进行了研究。

③ 建立了基于生态创新的矿产资源密集型区域可持续发展综合评价模型。依据矿产资源密集型区域可持续发展指标体系的构建目标和原则，综合运用专家经验法和两两比较法，从定量方面筛选出能够反映区域生态创新能力和矿产资源密集型区域可持续发展状况的评价指标，建立了基于生态创新的矿产资源密集型区域可持续发展评价指标体系。针对学界单独采用主观赋权或客观赋权的缺陷，本书采用主观赋权和客观赋权相结合的综合赋权模型确定评价指标的权重，综合运用线性加权和

非线性加权等方法，建立了基于生态创新的矿产资源密集型区域可持续发展综合评价模型。

④ 引入惩罚型变权方法构建了基于生态创新的矿产资源密集型区域可持续发展动态警情评价模型。在基于生态创新的矿产资源密集型区域可持续发展预警评价中引入惩罚型变权方法，能够对评价指标的基础权重做出动态调整，有效解决了静态权重难以体现区域可持续发展预警动态性要求的缺陷，是可持续发展预警研究中的一种尝试和补充。

第 2 章 相关概念及理论基础

本章首先介绍什么是矿产资源密集型区域，即界定矿产资源密集型区域的概念，指出矿产资源密集型区域具有的典型特征，接着介绍以生态创新为视角研究矿产资源密集型区域可持续发展最常用的三个理论，分别是：生态创新理论、可持续发展理论和创新系统理论。这三个理论为基于生态创新的矿产资源密集型区域可持续发展系统构建和下一步案例研究作出了理论上的铺垫。

2.1 矿产资源密集型区域的界定与特征

2.1.1 矿产资源密集型区域的界定

矿产资源的不均衡分布产生了以矿产资源聚集的区域，以及依托矿产资源的开发利用而兴起并发展起来的区域，在这些区域可以形成矿业城市或矿产资源型县（区）。目前，学者们依据不同的界定标准对矿产资源密集型区域有着不同的界定，常见的有以下几种界定方法：

① 依据矿产资源的种类，把矿产资源密集型区域界定为三类：

第一类是以煤炭资源的勘测采掘与加工为主的区域，如河南的平顶山市、贵州的六盘水市、陕西的榆林市、内蒙古的鄂尔多斯市等。

第二类是围绕金属资源展开的各类产业为主的区域，以金属类开采开发或以冶金工业为主的区域，如山西的太原市、四川的攀枝花市、甘肃的白银市、河南的栾川县等。

第三类是以油气能源开采利用为主的区域，如新疆的克拉玛依市、陕西的延安市、黑龙江的大庆市、河北的唐山市、甘肃的庆阳市等。

② 根据矿产资源产业的资源保障能力和可持续发展程度的不同，可以将这些矿产资源密集型区域划分为四种类型，分别是成长型、成熟型、衰退型和再生型。

第一类是成长型矿产资源密集型区域，是我国能源资源后备供给的基地，其矿产资源有充足保障，资源的开发利用处于上升期，经济社会发展的潜力巨大。如山西的朔州市、内蒙古的呼伦贝尔市、新疆的哈密市等。

第二类是成熟型矿产资源密集型区域，是我国能源资源安全保障的基础，这些区域的矿产资源的保障能力强，矿产资源的开发利用已具有一定规模，处于稳定发展的阶段，经济社会发展水平较高。如河北的邯郸市、山西的长治市、河南的新密市等。

第三类是衰退型矿产资源密集型区域，是区域可持续发展重点研究的对象，这些区域的矿产资源已经开发殆尽，经济社

2.1 矿产资源密集型区域的界定与特征

会发展不平衡,生态环境破坏较大,民生问题比较突出。如辽宁的抚顺市、吉林的白山市、陕西的潼关县等。

第四类是再生型矿产资源密集型区域,该类区域已经找到适合自身社会经济发展的新路径,不再像过去纯粹依赖矿产资源。如内蒙古的包头市等。

③ 按矿业与城市形成先后次序,将矿业城市界定为无依托型矿业城市和有依托型矿业城市。

第一类无依托型矿业城市,指的是原来没有城市的矿区因为开采矿产资源而逐渐形成的矿业城市,如黑龙江的大庆市。

第二类有依托矿业城市,指的是原来这个地方已经是成规模的城市,在城市发展的过程中又新发现了矿产资源,进而进行矿产资源开发利用,这样原来的普通城市具有了矿业城市的特征和功能,如河南的南阳市。

④ 依据矿业产值和矿业从业人员的比重界定为典型的矿产资源密集型区域和非典型的矿产资源密集型区域两种类型。但依据什么样的比重标准去定量界定,至今仍未形成统一的意见。以下是几种有代表性的界定标准,如表2-1所示。

表2-1 国内外对典型矿产资源密集型区域的几种代表性界定标准

学者	界定标准
哈里斯(1943)、小笠原义胜(1954)、沈镭(1999)、武春友(2000)	观点类似,都是以从事矿业开采和生产的人员占全部劳动力人员达到一定的比例,如:≥10%或≥15%
周长庆(1994)、张以诚(1998)、俞滨洋(1999)	观点类似,都是以从事矿业开采和生产的产值占工业总产值达到一定的比例,如:≥10%或≥15%

续表

学者	界定标准
胡魁（2001）、万会（2006）、国家计委宏观经济研究院（2002）、中国矿业联合矿业城市工作委员会（2005）、高天明（2010）	观点类似，都是综合人口比重、产值比重等指标对矿产资源密集型区域进行界定，如：矿业产值占工业总产值≥10%；矿业从业人员比城市全部从业人员≥15%（二者满足之一、或者要求同时满足）

资料来源：根据参考文献［113］-［120］整理。

综合上述观点，根据本书研究的内容和特点，本书选取较为典型的矿产资源密集型区域作为研究对象，依据对部分矿产资源密集型区域的实际调查研究情况并结合统计数据的可得性，考虑采用以下标准对此类区域进行界定：

① 采矿业总产值占区域工业总产值的比重在10%以上；

② 矿业从业人员占区域全部工业就业人员的比重在15%以上。

同时满足这两个标准的区域为典型的矿产资源密集型区域。

2.1.2 矿产资源密集型区域的特征

矿产资源密集型区域有着与其他区域明显不同的特征：

① 区域社会经济发展强依赖于矿产资源。其主导产业或支柱产业是依托该区域具有优势的矿产资源发展起来的，因此，该区域的社会经济发展状况直接和矿产资源的开发、利用程度息息相关，资源的充裕情况也直接影响着区域的发展前景。

② 效益递减性。矿产资源的开采一般都要遵循"先易后难、先上后下、先近后远"的规律进行。随着产业周期的推进，

矿产开采的难度越来越大，成本越来越高，导致经济效益递减，这种情况有时还会体现在社会效益和环境效益上。

③ 区域发展和矿产资源开发利用的周期紧密相关。在矿产资源开发早期和中期，因资源开发带来的超额效益，区域财政收入迅速增加，人力和财力大量聚集，基础设施建设快速发展；但是在资源开发的后期，由于生态环境恶化，资源开发效益降低，区域发展速度也随之下降。

④ 区域第二产业一业独大，结构单一。矿产资源密集型区域的产业因资源开采而兴，产业结构主要依赖于资源开采。采掘业和与其相关联的产业在工业总产值中占有较大比重，第三产业发展相对不足。

⑤ 生态环境破坏严重。在开发矿产资源的一系列过程中对区域自然景观和人类赖以生存的大气，水、生物等自然生态环境都会产生非常严重的影响，乃至影响着人类日常的生产生活。所以说，矿产资源密集型区域面临着更为严峻的资源环境保护压力。在我国，每万吨煤的开采会导致约0.2公顷地面下沉，每万吨铁矿石的开采会占用土地面积超过0.5公顷[121]。目前我国因矿业开采破坏的自然环境和生态区域以每年4000公顷以上的速度递增，预计到2020年时，因矿产资源开采所损毁的土地面积将达到8万公顷以上[122]。随着开发过程的推进，矿产资源密集型区域的环境遭到严重破坏，引发空气污染、植被破坏、水土流失、水污染等一系列严重的环境问题。根据热力学第二定律，生态环境一旦遭受破坏，短时期内就很难得到恢复。如果要生态环境进行恢复再造，必将花费大量的人力、物力和财力，造成社会资源新的浪费，经济社会发展也必将走上先污染、后治理的弯路。

⑥ 矿产资源型人才结构明显失衡。目前对于矿产资源的开发利用还属于粗放型发展阶段，各个环节都需要大量劳动力，这部分劳动力普遍存在文化水平不高、接受新文化新知识的能力较差。同时又缺乏先进技术和设备的应用，因而在该区域更是缺少高级技术人员，这些都妨碍了区域的可持续发展水平。

⑦ 区域经济受到外部经济因素的制约明显。自从我国加入世界贸易组织以后，经济的全球化更直接影响到矿产资源密集型区域的发展，同时国家宏观政策的变化也制约着区域经济发展的程度。

2.2 区域可持续发展的内涵

可持续发展要求在满足当代人对自然资源需要的同时，也能满足后代发展对自然资源的需要。其社会学内涵强调人类社会拥有平等发展的权利，既包括当代还包括后代，既包括同一区域还包括不同区域；其经济学内涵强调经济的可持续发展不同于传统意义上的经济增长，它要求实现的是包含生态成本在内的社会总财富的增加；其生态学内涵强调人类的活动必须限制在生物圈的承载力之内，不能破坏环境系统的再生能力[123]-[124]。

可持续发展是一个在时间和空间维度下以人为中心，社会、经济和环境各个要素相互影响相互制约的复杂系统。

区域是实现可持续发展的基本载体，区域可持续发展强调的是本区域的资源不仅能满足当代人的需要还能保证后代人需要的发展。区域可持续发展是一个由环境、社会和经济等要素相互影响相互制约的系统，这些要素组成环境子系统、社会子系统和环境子系统。区域自然生态环境子系统对区域经济和社会的可持续发展既提供了支撑作用又起到了决定作用，它要求区域内当代人在使用自然资源时，既要尽量减少对自然生态环境的破坏，保证生物圈的再生能力，也要满足后代人和其他区域的人对不可再生资源的需求。区域社会可持续发展为区域经济和自然生态环境可持续发展提供了动力和保障作用，它既要求创造和提供尽量好的社会基础设施，能够满足当代人的需要，也要为能够满足后代人的需求提供条件；还要求当代人和后代人、区域内和区域外的人能公平拥有各种资源，这些资源包括自然资源和社会公共资源。只有环境子系统的可持续发展和社会子系统协调发展才会带来经济子系统的长久健康发展。只有三个子系统相互作用、相互协调、相互促进，才能实现区域的持续、稳定、健康发展。任何一个子系统出现问题都有可能危害到整个系统持续、稳定发展，三个子系统之间的和谐程度直接决定着整个系统的畅通程度。

2.3 理论基础

2.3.1 生态创新理论

工业革命创造了巨大生产力，使社会面貌，特别是物质世界发生了巨大的变化。但是在社会经济发展的过程中，人类活动对自然环境造成的影响越来越大，雾霾、酸雨、沙尘暴等一系列由环境带来的问题已经严重危害着人类的生存和生活。显然，工业革命开创的这种物质世界的新秩序并不是人类社会发展所期望的，我们需要探索一种更加先进、更加优越的新秩序来解决经济社会发展与生态环境的矛盾，以达到有限的资源实现可持续发展的目的，这个新秩序构建的动力，就是生态创新。生态创新是以环境收益为目的，以可持续发展为目标的创新。如果说创新是发展的动力，则生态创新就是可持续转型的动力。

1. 生态创新的内涵

随着人们对生态环境问题的日益关注和世界环境议程的不断演化，当今学术界对生态创新的认识尚缺乏多学科之间的整合协同，还没有一个统一的定义，不同的专家学者、不同的学科性质对生态创新的理解也不尽相同，如表2-2所示。

生态创新概念兴起的时间不长，属于一个新的研究理论，国内外学者研究的对象不同，侧重点也不一样，理论基础不同等因素导致了一定的分析、研究的体系缺乏统一。但从现有的研究成果来看，这些关于生态创新的各种理论没有本质上的冲突，甚至还有相似之处：尽管角度不同，但都试图从全面、整体、系统的高度来诠释生态创新的概念。

生态创新结合当前社会出现的生态环境问题、运用经济的眼光和手段，开拓了一个崭新的领域。它以熊彼特的创新理论为基础，但又不同于熊氏创新。熊氏创新假定具有创新精神的企业家是理性经济人，而生态创新则假定为理性生态经济人，寻求自然生态环境和经济的同步建设与协调发展，即在生态环境得到保护的前提下追求经济的可持续发展。这是创新理论在一个全新领域的又一发展。

2.3 理论基础

表 2-2　　　　　　　　　生态创新的不同定义

研究者	时间	定　义
Fussler James	1996 1997	开发能够带来客户和商业价值同时又能显著降低环境危害性的新产品、新工艺或服务的过程
Rennings	2000	有利于环境和促进环境可持续性的新的或改良的过程、做法、系统和产品，包括技术的、组织的、社会的和制度的创新，并指出生态创新的目的是环境收益
Andersen	2002	生态创新是可以吸引绿色市场租金的创新
欧洲创新主体研讨会	2006	指创造新型的、价格具有竞争力的商品、工艺、系统、服务和流程以满足人类需求，为大众提供更高的生活质量，同时每单位产出的生命周期对自然资源的消耗最低，排放的有毒物质最少
CIP（欧盟竞争力和创新体系计划）	2007	指任何形式的致力于通过减少对环境的影响或以更加高效和理性的方式使用自然资源（包括能源）、显著促进可持续发展的创新
Kemp Pearson	2008	生态创新是组织结构对一种产品的生产或开发过程中采用新的流程、服务、管理或经营方法，使得这种产品在其生命周期内能更有效地降低环境风险，减少污染和其他资源使用过程中的负面效果
Hermosilla 等	2008	能够改善环境绩效的创新
OECD	2009	新的或显著改善产品（或服务）的生产流程、营销方法、组织结构和制度的实施行为，不管这些行为是否有意或无意，与其他方案相比较都能够带来环境的改善
刘思华	1997 1998	生态创新改变了生态系统自身，创造社会生产的各个环节生态化，包括生产、分配、流通、消费等步骤

续表

研究者	时间	定　义
夏顺忠 杨贵珍	1999	挖掘生态环境和社会发展之间的关系，生产更多的物质能源，促进生态和环境的生态循环，促进两者协调可持续发展
严立冬	2002	从新方法和新内涵定义生态创新，以提高生态技术，制定绿色发展制度，转变落后观念的方法改善日益突出的生态环境问题，最后达成生态良好、经济增长和社会进步的良好局面
董颖	2011	生态创新是以减少污染、改善环境、节约资源为目的而进行的创新或者能带来良好生态效益的创新活动，可以从根本上带动和促进可持续发展及提升竞争力

资料来源：根据参考文献［8］，［125］-［137］整理。

2. 生态创新的特征

① 新奇性。生态创新具备一般创新的特性：新奇性。新奇性是针对企业或用户而言的，即指一项技术的开发，也指技术的采用和扩散。

② 环境收益的目的性。虽然有些学者认为创新可能会导致无意识的环境收益，但生态创新的本质决定着它与一般创新的最主要区别就是要求创新结果必须环境收益。

③ 双重外部性。所谓双重外部性，是指生态创新既具有因创新溢出效应而导致的正的环境外部性，也因为具有环境"公共品"属性所带来的负的外部性。因生态创新产品可以导致正的外部效益，含有更高的价值，在创新扩散阶段会带来超额的收益；因生态创新要求创新结果必须环境收益，要求产品拥有

更高的技术含量，会使创新在研发阶段缺乏动力。

④ 技术推动与市场拉动效应。双重外部性对市场拉动效应同样产生作用。公众压力和消费者需求被认为是生态创新的重要动机。如果市场力量不能够对生态创新产生充足的激励，消费者就不会产生充分的支付环境改善的意愿。从创新的"推拉模型"可以看出，技术的推动作用在创新的研发阶段比较显著；而市场的拉动作用在创新扩散阶段较为明显。

⑤ 制度创新的重要性。为改善自然生态环境，仅仅依赖环境技术创新是不够的，因为当前人们面临的可持续发展问题不仅仅是技术问题，它还和人们的观念、文化、法律法规等制度相关。制度创新包括非正式制度创新和正式制度创新，非正式制度创新主要通过改变人们会对环境问题的认知与态度、生活方式、消费习惯等为生态创新作好市场铺垫；正式制度创新则主要通过建立新的科学评估方式和公众参与方式来提高决策效率和质量。

2.3.2 可持续发展理论

伴随着全球工业化程度的快速提升和城市化进程的不断发展，人们在享受越来越丰富的物质文明与精神文明的同时，也对大家所赖以生存的自然生态条件提出各种疑问，如地球上的资源还能满足我们多长时间的生存需要？子孙后代对资源、生态的需求如何满足？人类的生活环境和生态环境如何保证？自人类社会发展进入 20 世纪以来，水土流失加剧、全球气候变暖、自然灾害频发等生态环境问题日益凸显。特别是我国伴随着人口的膨胀和经济的飞速发展，近年来空气污染严重、雾霾天数高居不下；极端气候频现、生物物种加速灭绝、生态系统服务功能严重衰退，如果相对不足的自然资源和人们赖以生存的生态环境再不能得到有效保护，大家所追求的现代化建设、中国梦都将成为空谈。

作为对传统发展模式的否定，学者们也在一直不断地对新的发展模式进行探寻。《寂静的春天》、《增长的极限》、《我们共同的未来》等作品的陆续问世，可持续发展理论作为一种全新的发展理念受到人们普遍的关注和推崇。

可持续发展要求社会进步、经济增长、生态良好，社会、经济和生态环境三个子系统的可持续发展彼此联系、制约和相互适应与作用，其中生态环境良好是可持续发展的基石，经济增长是导向，而可持续发展的最终目的是实现社会进步，三种可持续既高度统一又协调发展。随着可持续发展研究的不断深入，新的研究理论和研究视角不断涌现，使得可持续发展理论不断完善，有关可持续发展的研究视角和观点如表2-3所示。

综上可以看出，可持续发展理论是一种不同于传统经济发展方式的多维、宏观的系统概念。其核心内容是保持人与自然之间的平衡。通过探求在满足人类发展和需求的同时，不损害地球的自然生态环境，找出人与自然生态环境保持和谐关系之路；努力实现同代、代代关系的和谐。通过舆论引导、观念更新等非正式制度和政府规范、法制约束等正式制度对人类活动的共同作用，达到同代之间、代代之间关系的公平与公正。

可持续发展谋求的是人和自然的协调健康发展，人类在享有大自然带来的物质和精神馈赠的同时要肩负起保护生态的重任，建立一个资源节约环境友好的社会，可持续发展更深层次的内涵也包括提高人类自身素质水平，从而实现人的全面发展的内容。

表 2-3　　　　　　　可持续发展的研究视角及实现途径

研究视角	研究观点	实现途径
经济学理论	虽然科技在提升，但人口数量持续增加、人均资源消耗量提高，环境承载力减弱，所以工业生产的增长空间不大。知识经济是可持续发展的基础，知识和信息技术是经济发展的主要驱动力。	循环经济——强调资源的循环利用，表现在企业上可以分为企业内部、企业之间和企业外部，需要遵循减量化、再利用以及再循环的原则。
生态学理论	人类经济社会的可持续发展须遵循生态学的原理，寻求一种支持生态完整和人类愿望实现的生态系统，使人类的生活环境能高效、和谐、自我调节地持续。	生态经济——社会的发展在生态环境能够承载的范围内，并且形成生态良好、经济社会发展的良好局面。
		绿色经济——各个生产要素协调发展，达到生态良好、经济增长和社会进步同时实现的发展模式。
人口承载力理论	人口数量和特定数量人口的社会经济活动必须控制在一定的限度以内，由于地球系统的自组织和自我恢复能力存在一个阈值，否则将对人类的生存和发展产生影响。	低碳经济——要求更高效地使用能源，更清洁地使用能源，实现低碳高增长。
人地系统理论	该理论把人类社会看做地球大系统的组成部分，地球系统为人类的生存和发展提供了物质基础，人类的活动又影响了地球的生态环境。	新能源利用——利用新的科研条件积极研究、开发利用传统能源以外的各种能源。

续表

研究视角	研究观点	实现途径
财富代际公平分配理论	探讨资源和财富如何在代际得到公平分配。	节能减排——把合理的科学技术在环境能够承受的范围内运用到资源开发过程的各个环节中，从资源开采到资源的消费等环节，来减少资源的损耗，减少资源各个环节污染物的排放等，从而能高效、合理地利用自然资源。
三种生产理论	人类社会可持续发展的物质基础在于人类社会和自然环境组成的世界系统中的物质的流动是否通畅并构成良性循环。	

资料来源：根据参考文献［138］-［154］整理。

总的来说，可持续发展不是传统意义上的发展过程的连续性和不可中断性，它是以环境有限的承载力和不可再生的有限能源为基础实现人类长久发展的战略。从时间层面上来看，它是不以牺牲后代人利益谋求当代人利益，也不以明天的利益换取今天利益的一种发展；从空间来看，它立足于人类整体的长久发展，而不是单个区域、某一国家的发展；可持续谋求的是人的全面发展，提倡走生态绿色发展之路，倡导改善人居环境。针对本书的研究对象来说，它将为本书研究矿产资源密集型区域的发展现状和特征，探讨区域内自然生态环境、经济、社会三者的协调持续发展提供相应的理论指导。

2.3.3 创新系统理论

1. 创新系统的内涵

20世纪80年代以来，随着国内外学者对创新理论研究的不断深入和研究对象的逐渐扩展，创新理论的研究开始走向"系统范式"，国家创新系统（NIS）理论被 Lundvall、Freeman、Edquist、Nelson 等人相继提出，随之该理论迅速成为多国学者研究的热点。人们认识到保持国家竞争力的源泉不是初始资源的禀赋，而是保持技术创新、学习、模仿和扩散的过程。国家创新系统（NIS）研究的是影响这一过程的因素，比如国家监管、企业参与、大学科研在这一过程中扮演着哪种角色，以及如何高效地学习借鉴邻国的政策和制度经验，从而实现技术的进步和经济的赶超。

随着经济区域化的发展和国家创新系统理论在区域经济研究中的深入，区域创新系统（RIS）的概念和理论随之产生。英国著名教授 Cooke 于 1992 年最先提出区域创新系统（RIS）的概念，他认为区域创新系统是由企业和大学科研机构构成的组织体系，该体系内部在地理位置或业务分工上彼此关联，鼓励企业和科研机构之间彼此合作进行技术创新、制度创新，重点关注区域创新系统的地理性和网络特征[155]-[156]。Wiig 于 1995 年对区域创新系统的概念进行了推广和延伸，他认为区域创新系统不单单只包括生产提供创新产品的企业群和培养技术创新人才的教育部门，还应包括能够制定创新制度的政府机构。推广后的区域创新系统更注重和强调了系统中的各个参与创新活动的主体[157]。近年来，区域创新系统已经成为全球学者们的一个热门研究话题并受到学者们的持续关注，如表2-4所示。

表2-4　　创新系统理论的几种代表性研究

代表性学者	时间	理论贡献
Lundvall	1985 1992	最先使用创新系统的概念，指出国家创新系统是一个知识的生产、扩散和相互影响、相互关系的系统，包括的主要子系统有：企业内部组织、企业相互之间的关系、公共部门的角色，金融和其他部门以及研发机构的作用
Freeman	1987	描述国家创新系统是一种由公共部门和私营部门共同建构的网络，一切新技术的发起、引进、改良和传播都通过这个网络中各个组成部分的活动和互动得到实现
Cooke	1992 1996	率先强调区域创新系统的重要性，认为区域创新系统是由企业和大学科研机构构成的组织体系，该体系内部在地理位置或业务分工上彼此关联，鼓励企业和科研机构之间彼此合作进行技术创新、制度创新，重点关注区域创新系统的地理性和网络特征
Nelson	1993 1996	通过对多个国家的国家创新系统的比较研究认为，各个国家的创新系统都具有独特性，强调宏观的制度性安排，指出科学技术发展中的不确定性为技术创新活动提供了各种各样的可能战略，要求有一种分享技术知识的机制和不同机构之间的合作机制
Wiig	1995	对区域创新系统的概念进行了推广和延伸，他认为区域创新系统不单单只包括生产提供创新产品的企业群和培养技术创新人才的教育部门，还应包括能够制定创新制度的政府机构，推广后的区域创新系统更注重和强调了系统中的各个参与创新活动的主体

2.3 理论基础

续表

代表性学者	时间	理 论 贡 献
Edquist	1997	指出创新的形式是丰富多样的并且容易受到外界因素的干扰,在创新中可以是企业与其他机构合作获得的一系列新知识、新理念和新方法或一些其他资源,这些合作机构可以是同类的企业、监管部门、科研机构或投资方;当把创新看作相互作用过程时必然导致一种创新系统
Asheim	1997 2002	指出区域创新系统由企业集群和支撑这部分企业相对应产业为主的执行者和确保执行者运行的保障机构两部分组成,保障机构由科研机构、教育机构、行业协会和金融机构组成
Kuhlmann	2004	认为区域创新系统由政治、教育、产业和环境等子创新系统组成
冯之浚	1999	认为区域创新系统由该区域内部的企业群、大学园区和科研中介机构以及监管政府部门组成
吴贵生	2002	认为区域创新系统是由提供技术创新的主体以及和主体有联系的运行机制和制度构成的网络系统
王春法	2003	认为国家创新体系是一种有关科技知识流动和应用的制度安排
朱付元	2005	从区域科学的视角分析区域创新系统,认为以知识流聚集为基础,创新系统各主体以科学创新和技术创新为中心的聚集和互动就构成了一个区域创新系统

资料来源:根据参考文献[158]-[171]整理。

2. 创新系统的框架

(1) Freeman 的国家创新系统框架[161]

Freeman 认为国家创新系统不仅包括各种制度和技术创新因

43

素，也应该包括为公民大众提供知识的大学和一些政府基金、规划之类的机构，企业的目的是为了赢取利益。他的理论强调了技术创新与国家经济发展实绩之间的紧密关系，特别是一个国家的专有因素对于该国的经济发展实绩具有极大影响（见图2-1）。

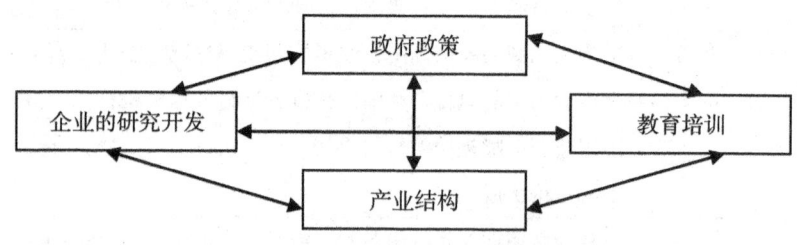

图 2-1　Freeman 的国家创新系统框架

（2）Porter 的国家竞争力钻石理论[172]

波特提出的关于国家创新系统的学说称为国家竞争力钻石理论。该学说认为形成公平竞争氛围和提高科学技术创新是一个国家永葆竞争力的根本所在，而国家竞争力能否保持在于以下4个因素：① 要素条件，如自然资源保障、人力资源保障；② 需求条件，国家消费需求层次；③ 相关的支持产业，与企业相配套的产业竞争力；④ 企业的战略、管理的条件，企业之间的竞争促进技术的改革和创新。该理论框架的核心是提高产业竞争力（见图2-2）。

（3）Lundvall 的国家创新系统框架

Lundvall 的国家创新系统突出的地方在于学习的重要性，指出生产者、公共部门、终端用户和制度之间通过互动达到相互学习相互作用的目的[160]（见图2-3）。

2.3 理论基础

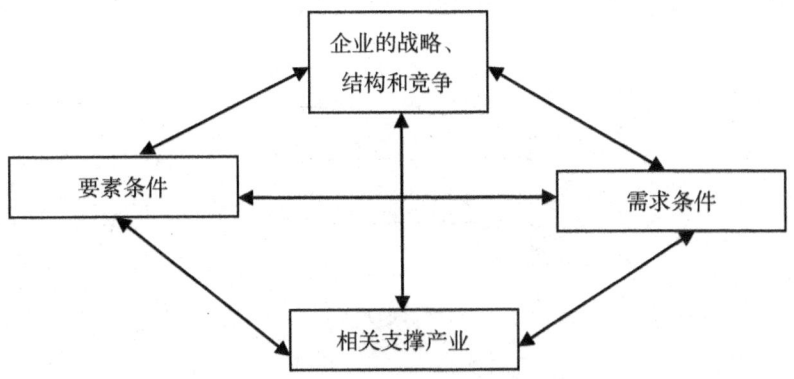

图 2-2 Porter 的国家竞争力钻石理论框架

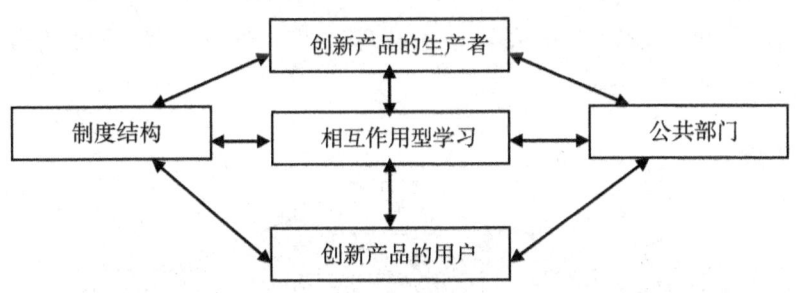

图 2-3 Lundvall 的国家创新系统框架

（4）OECD 的国家创新系统框架

OECD 的国家创新系统强调知识流动是创新系统中各个主体的纽带，连接着企业、中介机构、政府部门和科研机构。强调核心问题是知识流动，提高企业的创新能力是目的[173]（见图 2-4）。

（5）Patel 和 Pavitti 的国家创新系统框架

Patel 和 Pavitti 认为在国家创新系统中重要的是国家制度、激励机构和竞争力，这些决定了一个国家技术创新的方向和速度，其中核心是激励机构。认为"激励的失效"和"竞争能力

45

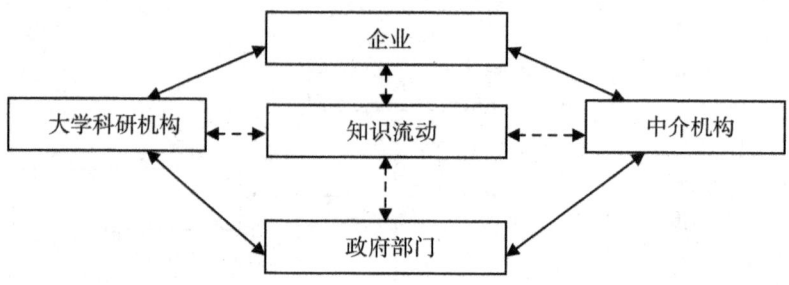

图 2-4 OECD 的国家创新系统框架

的低效"会引起国家创新系统无效。在该系统中政府资助中介机构和科研院所,但政府对企业的间接激励作用往往被忽视。国家制度、激励作用和竞争力决定了该国技术创新前进的方向[174](见图 2-5)。

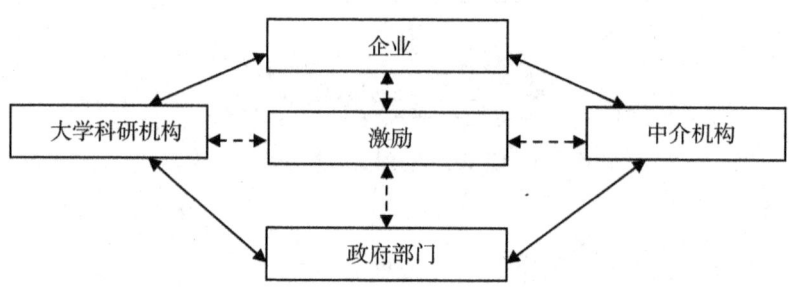

图 2-5 Patel 和 Pavitti 的国家创新系统框架

(6) 官建成和刘顺忠的区域创新系统框架

官建成和刘顺忠认为区域创新系统分为区域创新内部环境和外部环境,在区域创新内部环境中各个部门之间相互影响相互合作,这些合作形成的知识流动在政府、金融机构、研究院所、高等学校和企业之间传播、扩散。内部环境和外部环境也通过知识流动相互制约相互影响,而区域的内部环境决定了区域创新的能力[175]（见图2-6）。

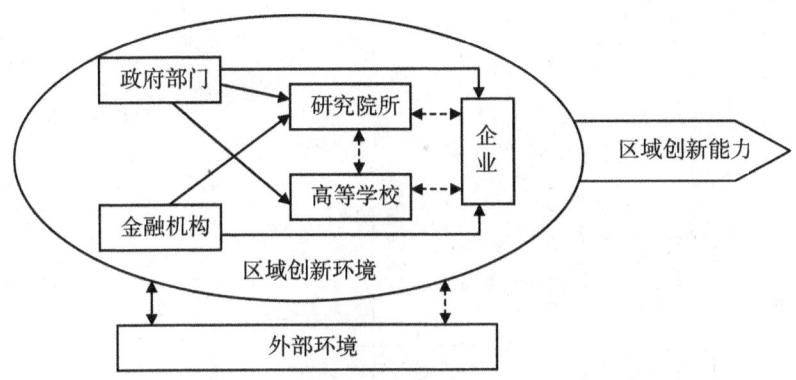

图2-6　官建成和刘顺忠的区域创新系统框架

(7) 任胜钢和关涛的区域创新系统框架

该系统框架认为区域创新系统由两大体系即产业体系和知识创新体系组成,其中产业体系是由大中小企业组成的产业集群,知识创新体系由高等学校和科研机构组成,这两大体系直接参与技术创新而称为直接创新主体。政府决策机构和中介组织不直接参与创新,但是会通过政策制定和成果转化间接影响创新的效果。此外还包括创新环境、政策管理和知识转化等因素,创新环境包括基础设施建设、国民消费需求等,政策管理包括产业、区域和科技政策的制定和实施,成果转化包括科技园区和开发区等咨询和成果转化因素。

该系统研究的领域包括：第一是系统中直接主体,包括产业和知识创新体系,间接主体,包括政府和中间机构在区域创新中的地位和作用；第二是创新的直接和间接主体相互之间的关系；第三是区域创新系统中创新环境、政策管理和知识成果转化这些要素之间的运行特征和机制；第四是区域创新系统中主体之间作用的演变过程和阶段特征；第五是区域创新系统政策的制定和实施措施[176]（见图2-7）。

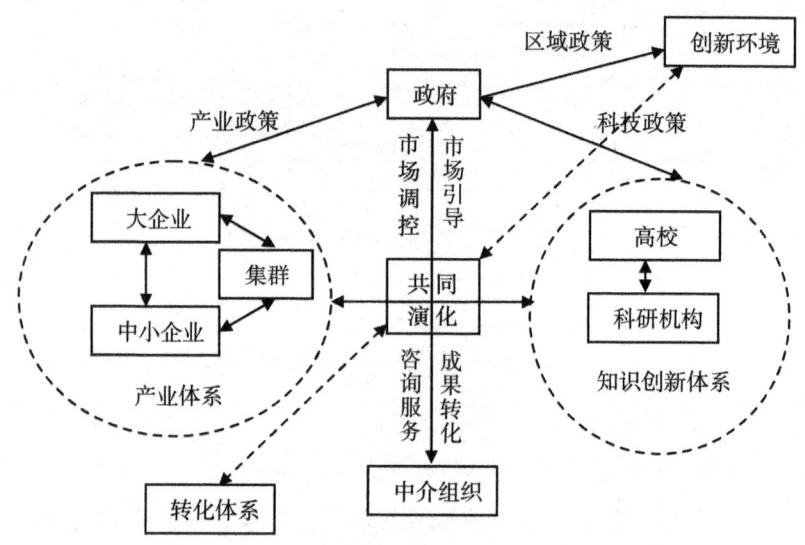

图2-7 任胜钢和关涛的区域创新系统框架

（8）张敦富的区域创新系统框架

张敦富指出区域创新系统是由管理系统、中介服务系统、创新机构、创新资源四个部分相互关联、相互协调共同演化而成[177]（见图2-8）。

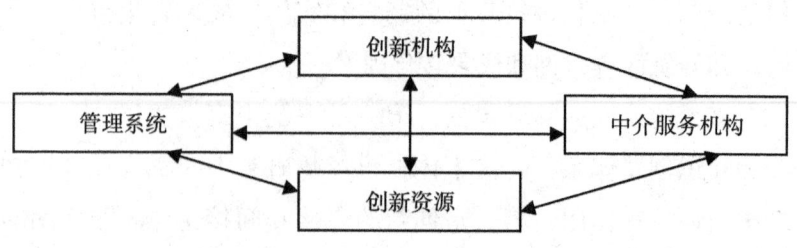

图2-8 张敦富的区域创新系统框架

3. 创新系统的动力因素分析

创新系统的动力因素是指推动系统完成生命周期演进的作用力,在创新活动过程中,来自系统内外的各种力量相互作用,共同推动着创新活动的持续进行。这些交互作用的力量构成了创新的动力机制,它是创新系统的重要组成部分。其中主要包括:

① 政府驱动。政府通常采用创新系统制定政策推动科学技术的变革、协调科技资源以及培育区域经济核心竞争力。因此,一般情况下创新系统是在政府的直接领导下建立的,因此说政府驱动是形成创新系统的原动力。实现科技创新和经济增长是政府驱动的首要目标,实现科技创新是形成良好的创新环境;经济增长则是政府希望通过区域创新系统实现区域经济稳定健康快速增长。

② 企业需求。在市场经济下单纯依靠政府的宏观驱动是不能形成良好的创新系统的,还要依靠市场规律的调节。企业的需求也是一个创新系统形成的重要的动力因素。随着全球化的影响,某一企业要想在全球众多同行中独树一帜,就必须避免单纯靠低价或廉价劳动力的方法增加自身优势,要谋求能长久保持不败竞争力的发展路径。这种不败竞争力是不容易让竞争对手模仿的长期差异化竞争优势,这种优势能够为企业带来长期的利益。

一方面,由于技术研发费用高、技术有公共产品性质的特点,对于任何一个企业来说都不可能拥有一个产业中的所有核心技术,很难独占研发的技术成果。这就需要企业与企业之间展开通力横向合作,一起分担研发成本,实现技术创新。另一方面，对于核心技术，企业可能不具备相应的研究条件，比如缺少高级专业技术人员或设备仪器比较落后，这时企业希望能和拥有大量高级技术人员和先进设备的高校和科研院所进行纵向合作来协同完成核心技术的攻关，这样企业的横纵向合作需求变成了区域创新系统形成动力因素之一。

③ 学习机制、溢出效应。只有不断地学习才能实现创新，只有掌握了一定的基础知识之后才能进行知识的再加工和再应用，这个加工和应用的过程就可以看做是创新，因此创新是一个学习、再加工、再学习的复杂过程。这就要求进行创新活动的主体要保持学习的动力，建立一个学习再加工的动态学习机制能够推动创新系统的形成。

在学习的过程中会出现溢出效应。溢出效应指的是某家公司研发出新技术或新知识后经过一段时间社会上其他公司和企业都拥有这种技术或知识的现象，因此溢出效应可以分为技术溢出和知识溢出，通过溢出效应能够提高整个社会的社会生产力并增加创新主体之间的理解和信任，这种理解和信任带来的不仅仅是现期的回报，还能为区域创新主体带来更多的未来收益。

④ 市场需求。技术创新目标之一就是在市场上获利，衡量创新成功与否的有效标准就是是否顺应市场需求，这个市场需求不是站在市场需求量多少的角度，而是以市场的实际需求为指向。在市场上获利的技术创新不一定是标新立异的创新，但一定是能与市场有效结合的新技术。然而在实际中区域创新系统的研究成果能转化为经济增长的成果较少，造成这一创新成果转化率不高的主要影响因素是区域创新系统发展不完善，创新系统发展成熟以后市场需求的驱动力作用

会更加明显。

⑤创新氛围。区域中创新群体的社会习惯、文化水平、价值观念和思维行为方式对创新的作用即是创新氛围。开拓未知的新领域具有较高的风险，因此创新的社会文化应鼓励合作、允许失败，只有这样，轻松的创新氛围才更能激发创新群体高度的创新积极性。创新系统中人力资源最具有主观能动性和丰富创造性的要素，轻松的创作氛围就为发展人力资源提出了条件。完备的人力资源除了包含创新人才之外，还应包含专业的服务提供者，不论是创新人才还是专业服务提供者，都是创新活动产生和持续发展的关键推动力。因此，只有建立良好的创新环境，营造广阔的发展前景，提供优越的工作待遇，才能吸引优秀的人力资源来推动技术创新，创新氛围才能成为区域发展的驱动力。

2.4 本章小结

本章首先介绍了如何界定矿产资源密集型区域。根据本书的研究内容和特点，以及对统计数据的可得性，选取了同时满足采矿业总产值占区域工业总产值的比重在10%以上和矿业从业人员占区域全部工业就业人员的比重在15%以上两个条件的区域作为矿产资源密集型区域，并依据此标准选取研究区域。从区域经济、社会、自然生态环境方面对矿产资源密集型区域的特征进行了介绍。然后介绍了区域可持续发展的内涵。最后介绍了指导基于生态创新的可持续发展研究的三个基础理论，即生态创新理论、可持续发展理论、创新系统理论。生态创新理论方面介绍了生态创新的内涵和特征,创新系统理论方面介绍了创新系统的内涵、框架并对创新系统的动力因素进行了分析。三个基础理论的研究为基于生态创新的矿产资源密集型区域可持续发展系统构建和下一步案例评价作出了理论上的铺垫。

第3章 基于生态创新的矿产资源密集型区域可持续发展框架体系构建

生态创新是推动现代人类经济社会可持续发展最重要的驱动力，生态创新强调环境收益的目的性，为可持续发展提供了一种最佳模式。同时，生态创新致力于通过技术创新促进效率的提高、改善自然生态环境、提升区域或企业的竞争力，在技术上为可持续发展提供支持。

在生态创新观念的影响下，政府、企业、大学和科研机构、中介机构利用区域内的资源禀赋优势，通过不断地长期共同演化，建立起一个旨在培育和发展区域生态创新能力、形成区域长期竞争优势、促进区域可持续发展的动态复杂系统，也就是基于生态创新的矿产资源密集型区域可持续发展系统。在该系统的形成过程中，内部影响因素、外部影响因素、生态创新的技术特点等各种因素相互影响、相互作用、相互协调，共同推动着系统的运行。

3.1 生态创新对矿产资源密集型区域可持续发展的意义

3.1.1 提供动力源泉

自工业革命以来，人们在依靠创新迅速改造自然界的同时，也对自然生态环境造成了极大损害。当这种损害越来越大时，人们逐渐意识到自然生态环境对经济增长和社会发展的制约作用，发现自然生态环境不仅仅对人类社会的发展具有重要战略意义，也是现代生产力的基本构成要素。

于是，从20世纪60年代开始，部分工业发达的国家就开始探索经济发展和生态环境之间的协调发展。从采用末端治理措施，再到采用清洁生产，再到可持续发展，所有这些都是生态创新在人类社会发展中的不同体现。生态创新是人们有目的的改变人类与大自然之间的关系，促进自然生态环境系统的良性循环，使自然生态环境系统的演化越来越趋于社会化，越来越能够显示经济社会的特点和功能；同时，生态创新还促使经济社会越来越生态化，在社会生产的各个环节也越来越显示出生态环境的特点和功能。生态创新要求人类经济社会和自然生态环境协调发展、和谐统一，这是当今社会发展的正确方向，也是唯一方向。

截至目前，人类社会发展所需要的所有物质和能量均来自于自然生态环境系统，人们所使用的各种产品只不过是自然界里的物质和能量的形态转化而成。所以说要想实现经济社会的可持续发展，就要通过生态创新增加自然生态环境系统中的生态资本和系统的转化功能，提高自然物质和经济物质转化效率，从而提高自然生态环境系统对人类经济社会发展的供给能力和支撑能力。因此，如果说创新是发展的动力，生态创新则是推动现代人类经济社会可持续发展的最重要驱动力。

3.1.2 提供最佳模式

从财富的角度理解可持续发展，就是指随着历史的演进，社会总财富不减少或有所增加，即社会的总资本存量达到非减。保持社会总资本存量的非减性，是社会可持续发展的必要前提。社会总资本包括生态资本（可用于人类社会活动的自然资产）、人力资本（对人力的投资）和物质资本（人类创造的物质财富）。因此，要想实现区域的可持续发展，就要从根本上保证区域内的人类经济社会和自然生态环境之间的协调发展。

如果用 C 代表区域总资本，C_m 代表区域物质资本，C_h 代表区域人力资本，C_e 代表区域生态资本，ΔC 代表区域总资本增值，ΔC_m 代表区域物质资本增值，ΔC_h 代表区域人力资本增值，ΔC_e 代表区域生态资本增值，则

$$C = C_m + C_h + C_e \tag{3-1}$$

$$\Delta C = \Delta C_m + \Delta C_h + \Delta C_e \tag{3-2}$$

当三种资本均出现增值时，则区域总资本存量也随之增加，这时的资本组合方式是我们所追求的可持续发展的最优模式，属于高强度的可持续性。

如果 ΔC_m、ΔC_h 出现增值，ΔC_e 保持持平，这时的区域总资本存量仍会有所增长，经济社会继续向前发展，但此时的资本

组合模式比较低级，属于弱强度的可持续性。

如果 ΔC_m、ΔC_h 出现增值，ΔC_e 出现减少，这时 ΔC 有可能减少也有可能增加或持平。如果 ΔC 减少，则社会处于倒退状态；如果 ΔC 增加或持平，三种资本组合处于失调形态，不能确保区域的可持续发展。财富总量在替代意义上的持衡或增加并不等于可持续发展。保持区域生态资本的非减性，是区域可持续发展的充分条件。

因为，第一，根据热力学第二定律，区域生态环境演进的不可逆转性是普遍存在的。因此，矿产资源的开发利用对自然生态环境的破坏往往也具有不可逆转性。此时，物质资本和人力资本的增殖并不能弥补生态资产的减少。所以说，人类的社会生产活动要尽可能少地破坏自然生态环境。

第二，纵观世界近代史，可以发现，西方发达国家的工业化，既给西方社会带来了巨大物质财富，又极大地提高了这些国家的劳动者素质；但同时也造成了人类社会的环境污染和资源枯竭。如果把全球的自然生态环境看做一个系统，则这种生态资本的急剧减少，既会影响到当代人的生活又会造成后代人的生态资本不足。但发达国家内部的资本总量却没有减少，甚至有所增加。但是，人类只有一个地球，从长远来看，这种以牺牲生态环境为代价的发展道路迟早会对所有人产生影响，所以说这种发展方式是不可持续的，因此才逐步形成了目前的可持续发展思想和战略。

人们在对工业革命以来的发展道路不断认真反思的基础上，亟须寻求一种既能够保证生态资本非减，又能够促使社会总资本增殖的发展模式。而生态创新恰恰在强调效率的同时又强调环境收益的目的性，所以说，生态创新为可持续发展提供了一种最佳模式。对于矿产资源密集型区域,环境污染、生态破坏更为严重,ΔC_e 经常处于减少状态,利用生态创新驱动促进 ΔC_e 向持平甚至增加转变,进而推动该区域的 ΔC 增加,是矿产资源密集型区域可持续发展的最佳模式。

3.1.3 提供技术支持

从前文所述可以看出,实施可持续发展就要坚持经济发展与环境保护同步,促进经济增长和生态效益双赢。这就要求改变以往的发展模式,寻求一种新的既对环境有保护目的又能够实现的技术创新体系,为可持续发展提供技术上的支持。这种技术创新体系要求在技术和管理方面能够带来污染的减少、环境的改善、能源的节约,能够创造出良好的社会生态效益,从根本上提升区域的竞争优势,促进区域的可持续发展。

生态创新主要研究的是如何采用技术创新促进效率的提高、如何通过技术创新改善目前的自然生态环境、如何利用生态创新提升区域或企业的竞争力。这些都与可持续发展的观念不谋而合,同时又在技术上为可持续发展提供了支持。

对消费者而言,随着生态创新观念的深入人心,生态产品愈来愈受到人们的重视,使用生态产品逐渐成为时尚。对企业而言,采用生态创新技术既降低了成本物耗又减少了污染,还迎合了消费者大众的需求和偏好,确立了企业的竞争优势。对于政府而言,生态创新要求政府的行为能够促进自然生态环境的改善、经济的增长、分配的公平、公共基础设施的到位、社会保障体系的完善、社会的公平正义,最终使区域创新能力得到提升、竞争优势得到确立。这些都为促进区域的可持续发展提供了方式或方法。

影响矿产资源密集型区域可持续发展的两个显著因素：一是区域社会经济的发展对矿产资源的强依赖性，如缺乏创新、替代产业跟不上；二是因矿产资源的开发利用造成区域污染严重，生态遭到破坏，人类赖以生存的自然环境质量明显恶化。因此，要想形成区域长期竞争优势，实现矿产资源密集型区域的可持续发展，就必须使区域内政府、企业、居民的行为符合生态创新的理念，在组织、制度、技术等各方面进行生态创新。

3.1.4 提供制度保障

制度是管束人们行为的一系列规则，既包括强制性的制度安排即正式制度，也包括非强制性的制度安排即非正式制度。生态创新制度是指围绕社会经济可持续发展而作出的有利于环境收益的创新行为形成的各种制度的安排。生态创新制度同样包括生态创新正式制度和生态创新非正式制度。生态创新正式制度指的是通过行政手段、法律手段、经济手段约束或鼓励组织和个人作出有利于自然生态环境收益的创新行为形成的规范性权利义务体系。生态创新非正式制度指的是组织或个人自觉形成或通过宣传、教育形成的有利于自然生态环境收益或有利于环境收益的创新行为形成的意识形态、价值观念和风俗习惯。高效率的社会制度能够减少社会活动的交易成本，降低个人和社会之间的收益差距，激励人们积极从事各种社会活动，充分发挥各社会生产要素的作用，促进生产效率的提高。生态创新

3.1 生态创新对矿产资源密集型区域可持续发展的意义

制度是高效率的社会制度，为实现经济社会的可持续发展提供了制度保障。

未来社会将是人与自然、生态与经济和谐统一的生态时代。为适应未来发展模式的需要，人们有必要改变原有的人与自然之间传统的主奴观念，形成有利于自然生态环境和人类协调发展的生态创新观念。生态创新观念的形成为生态创新正式制度的制定提供了一个良好的基础，并减小了其形成的阻力。生态创新正式制度通过行政手段（如环境专项资金投入、环保科研及教育投入、环境产业引导等）、法律手段（如环境保护立法）和经济手段（如开征生态税、实施排污权交易制度、给予环保补贴、收入的二次分配等）来约束或激励组织和个人的环境行为。生态创新正式制度还可以通过对环保知识和环保法规的宣传普及，对人们的价值观、财富观、思维方式、风俗习惯等生态创新非正式制度起到积极的调控和引导作用。

在矿产资源密集型区域，通过生态创新非正式制度和正式制度的相互影响、作用，一方面可促进基于生态创新的矿产资源密集型区域可持续发展系统的形成和演化，为矿产资源的开发利用提供支持和约束条件；另一方面还可促进对区域人才、创新资本和创新基础设施等的持续投入。这种对区域生态创新能力的培育和发展。既可以延伸和发展矿产资源产业的上下游产业链，使区域经济的发展摆脱对矿产资源的强依赖性，实现区域生态环境质量的改善和区域经济增长的可持续；也可以形成区域的长期竞争优势，为区域的可持续发展提供保障。

3.2 基于生态创新的矿产资源密集型区域可持续发展内涵

3.2.1 内涵

(1) 传统的矿产资源密集型区域可持续发展内涵

传统意义上的矿产资源密集型区域可持续发展指的是矿产资源密集型区域通过采取一定的经济政策和环境保护政策，及时解决该区域发展过程中的环境保护问题和经济发展问题，改变区域发展的不良现状，实现区域社会经济和资源环境的协调发展。

传统意义上的矿产资源密集型区域可持续发展不是真正意义上的可持续发展，它可以改变该区域目前的发展现状，实现短时期内的区域可持续发展。但从长远来讲，并没有形成区域的长期竞争优势，区域发展仅限于维持状态，不具有真正的长期可持续性。

(2) 基于生态创新的矿产资源密集型区域可持续发展内涵

基于生态创新的矿产资源密集型区域可持续发展指的是公众改变传统的消费观、财富观、生活方式等价值观念和生活习惯，形成和自然生态环境相协调的生态消费方式和生态生活方式；区域政府、企业、非政府组织（包括研究机构和中介机构）在生态创新观念的影响下，采取积极有效的环境保护措施和对生态创新的持续投入，形成生态创新驱动的区域可持续发展系统,在改善区域环境质量、实现矿产资源产业的持续开发、非矿产资源产业对矿产资源产业的替代与发展、创造就业岗位的同时提升区域的长期竞争优势,促进和保证区域自然生态环境、经济和社会的可持续发展。其中对生态创新的持续投入包括对区域创新人才的培养和引进、对生态创新行为和创业行为的大力支持、对创新精神的长期激励、对创新基础设施(包括文化、制度、信息、实验设备设施等)的持续建设等。

3.2.2 特征

(1) 系统性

基于生态创新的可持续发展以自然、经济、社会这个复合开放性系统作为研究对象。在这个系统里,人口、资源、环境、经济、社会是其基本构成要素。各构成要素会因生态创新观念、生态创新制度、生态技术创新、生态创新组织的作用不断相互影响、相互促进,促使整个系统的发展。

(2) 区域性

不同的地域具有不同的人口、资源、环境特征,其经济和社会发展的内涵也就不同。因矿产资源分布的不均衡性而形成的矿产资源密集型区域更具有明显的空间区域性特征。在这个空间区域里,具有大量的矿产资源,在矿产资源的开发利用过程中形成了人口与财富的聚集,同时也造成了资源的减少和环境的破坏。因此,矿产资源密集型区域的可持续发展研究必须和其区域特征相结合。

(3) 环境收益性

生态创新强调环境收益和创新驱动,为可持续发展提供了最佳模式。对于生态环境恶化的矿产资源密集型区域而言，生态创新所带来的环境收益的目的性和效率的提高更能促进区域的可持续发展。

（4）动态性

环境改善、资源利用效率提高是随着科技水平和社会生产能力的提高而渐进的过程。随着社会的发展，一方面人们会对良好的生活环境产生强烈需求；另一方面，因为科学技术水平的进步，人们改善环境问题的手段方法也在进步和提高。同样随着矿产资源密集型区域的社会、经济的发展，区域内的资源、环境等因素也在不断变化，这就要求创新技术、创新制度等影响可持续发展能力建设的诸因素也要产生相应的动态改变。

3.2.3 目标

（1）促进自然生态环境的可持续发展

通过生态技术创新提高矿产资源的开发、利用效率，减少污染物的形成和排放。同时，在生态创新制度的影响下，政府、企业、居民通过约束、规范自己的行为，改善生态环境，提升生态服务功能价值，促进生态资源的可持续发展。

（2）促进经济的可持续发展

企业通过生态创新提高效率、减少成本，实现收益的增加。企业和区域通过生态创新能力建设，形成企业和区域的长期竞争优势，实现非矿产资源产业对矿产资源产业的逐步替代，实现经济增长的可持续，实现就业数量和就业质量的提高，保证区域经济长期、稳定的可持续发展。

(3) 促进社会的可持续发展

在生态创新观念影响下，人们价值观、财富观、消费模式、生活方式等非正式制度的改变和生态创新正式制度的形成，促使区域内人口规模保持在适度水平上、人口素质不断提高、城市结构不断优化、城市基础建设持续改进、城市与农村的协调发展、社会生活（包括教育、卫生、社会安全保障等）公平，从而提高区域的竞争优势和可持续发展能力。

3.3 基于生态创新的矿产资源密集型区域可持续发展系统的构成要素

基于生态创新的矿产资源密集型区域可持续发展系统是指在生态创新观念的影响下，政府、企业、大学和科研机构、中介组织利用区域内的资源禀赋优势，通过不断的长期共同演化，建立的一个旨在培育和发展区域生态创新能力、形成区域长期竞争优势、促进区域可持续发展的动态复杂系统。

在基于生态创新的矿产资源密集型区域可持续发展系统中，政府是区域生态创新环境建设的主体，企业是生态技术创新的主体，大学和科研机构是知识创新的主体，中介机构是可持续发展活动服务的主体。系统运行的实质是各活动主体在生态经济、生态社会、生态文化等创新环境下对人、财、物等资源的有效使用和分配，形成一定的生态技术创新并将生态技术创新的成果进行转化，从而对矿产资源密集型区域的自然生态环境、经济、社会造成影响的过程。具体结构图如图3-1所示。

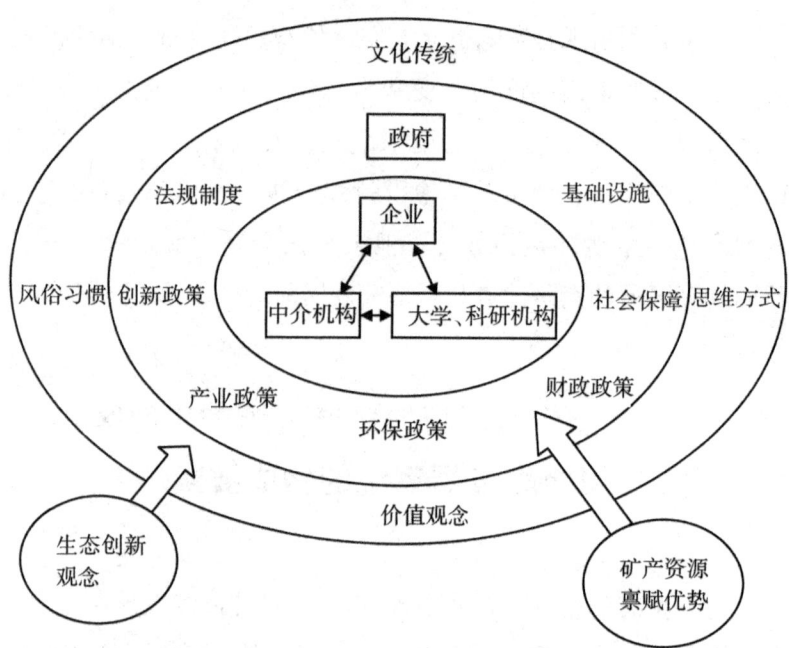

图 3-1 基于生态创新的矿产资源密集型区域可持续发展系统

3.3.1 政府——生态创新环境的建设主体

生态创新环境是指用以维系和促进生态创新活动的保障因素，政府是区域生态创新环境的建设主体，在基于生态创新的矿产资源密集型区域可持续发展系统中起着非常重要的作用。随着我国社会经济的快速发展，近十年来，在我国的矿产资源密集型区域，环境污染和生态破坏对人们的生活、生存影响已越来越严重，环境保护和生态保护的观念也前所未有地越来越深入人心。

生态观念的形成是时代发展的产物，它是一个动态概念，

3.3 基于生态创新的矿产资源密集型区域可持续发展系统的构成要素

随着社会的发展而改变。生态观念创新表现在人与自然关系趋向于和谐、消费观念向生态消费的转变以及环境权益观念的形成、价值观和财富观的改变等很多方面。生态观念创新促使政府制定有利于环境治理和生态保护的政策法规,形成生态创新正式制度。生态创新制度的制定和宣传又推动着人们的生活习惯、文化观念、思维方式等生态创新非正式制度的形成。

在生态创新制度推动下,矿产资源密集型区域政府在经济政策、环境政策、税收政策的制定上,越来越倾向于生态保护和创新发展。政府利用矿产资源禀赋形成的财富在生态保护投入、创新方面的投入也越来越多,人们价值观和财富观的转变也要求区域政府更关注于社会保障体系的完善、社会财富的公平分配与高效使用。通过矿产资源密集型区域政府的这一系列行为可以构筑一个能够促进区域自然生态环境、经济、社会可持续发展,形成区域竞争优势的区域生态创新环境。具体如图3-2所示。

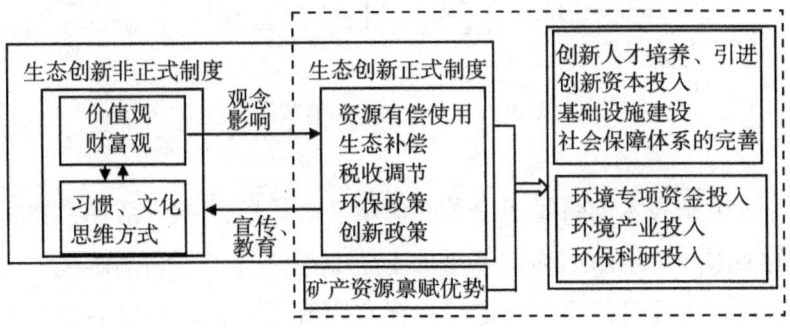

图 3-2 生态创新环境的形成(虚线框内为政府行为)

3.3.2 企业——生态技术创新主体

生态技术创新是指减少污染、减少能耗、提高生产效率的新的方法、工艺和产品的总称,是将环境保护新知识与新技术应用到企业的生产与经营活动中,在保证环境收益的前提下实现商品的创新性、实用性和商业价值。

生态技术创新是基于生态创新的矿产资源密集型区域可持续发展系统的核心和落脚点,生态创新环境是为生态技术创新服务的,没有生态技术创新在企业里的应用就不能实现其价值,也不能转化为生产力。矿产资源密集型区域内的企业能否把生态技术创新的成果成功转化为现实生产力,是区域内企业能否保持竞争优势的关键,也是区域经济能否可持续发展的根本。如图 3-3 所示。

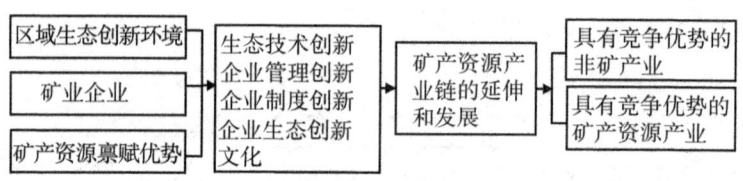

图 3-3 矿业企业的可持续发展

生态技术创新属于一种高成本、高风险的投资活动,技术的要求和市场的不确定都增加了企业生态技术创新的难度。这就要求企业必须具有一定的资金实力或者是拥有可靠的融资能力,这样才能保证对生态技术创新的持续投入;另外也要求企业应具有承担风险的能力,能够应付技术创新活动中的失败。对于矿业企业而言,非常适宜于依靠矿产资源禀赋获得的超额利润对生态技术创新进行投入。

目前，在我国矿产资源密集型区域，占经济主导的企业多和矿产资源的开发利用相关，这些企业普遍技术水平较低、资源消耗较大，导致的结果是企业生产效率低下、缺乏竞争力，区域环境恶化。企业为了追寻高额的利润，需要采用新的技术来提高生产效率，但为了规避环境管制和迎合消费者的喜好，就必须注意企业的行为是否环保。企业的这种发展现状要求企业必须实施生态技术创新，只有生态技术创新在企业得到了很好的转化，企业才能提高生产效率、增加产品附加值、增大企业效益。

3.3.3 大学、科研机构——知识创新主体

基于生态创新的矿产资源密集型可持续发展系统中的知识创新活动是指人类利用对客观世界所进行的研究，将产生的新理论、新思想、新规律应用于需要它的创新活动中，从而产生新工艺、新技术、新产品、新制度的过程。知识创新是技术创新和制度创新的基础，技术创新所形成的经济成果和技术条件又为知识创新提供了物质保障和技术保障。

知识创新过程有以下几个比较显著的特点：第一，自由性。创新过程就是探索的过程，不应该也不能有很强的计划性。第二，风险性。创新过程受很多条件的限制，任何一个条件的影响都有可能造成创新结果的不确定；另外，创新成果并不一定很快产生经济效果，市场经济对其是失效的。第三，高科技性。创新过程往往需要很多高层次人才的聚合。以上三个条件决定了大学和科研机构成为可持续发展系统中的知识创新主体。

大学、科研机构作为知识创新主体在基于生态创新的矿产资源密集型区域可持续发展系统中具有以下几个功能：第一，为地方经济服务功能。作为区域内的地方性大学和科研机构应以为地方经济服务为己任，在专业设置和研究院所设置方面都应和区域经济特点有所结合，研究领域、研究方向也要依托区域企业，和区域企业的特色相结合，承担起企业孵化器的功能。第二，教育和培训功能。在可持续发展系统中需要大量的高层次创新人才形成区域的创新人才基础，而这部分人才除了一部分由企业或大学引进之外，更多的是靠自身培养。另外，无论是技术人才还是普通工人都需要定期进行培训，以便掌握或了解更先进的理论和技术。第三，创新功能。高校、科研机构作为高层次人才的聚集地，有创新的知识基础和创新的环境，作为知识创新主体应该更好地为企业提供创新成果。

3.3.4　中介机构——可持续发展服务主体

基于生态创新的矿产资源密集型区域可持续发展系统中的中介机构包括劳动力市场、科技孵化机构、风险投资机构、科技经纪机构、科技评估机构、信息咨询机构、会计师事务所、律师事务所等各种形式的服务机构。这种服务机构既具有公共服务的特征又具有市场灵活性的特点。

作为可持续发展服务主体的中介机构，在可持续发展系统中发挥着重要的桥梁和纽带作用。这些机构不直接从事创新活动，但在促进技术创新和科技成果转化方面发挥着重要的协助作用。在这些中介机构中聚集着信息、法律、财务、管理、技术、投资等各方面的专家，可以为企业、政府、大学、科研机构等知识创新主体提供专业化的服务。

3.4 基于生态创新的矿产资源密集型区域可持续发展系统的运行机制

3.4.1 动力因素分析

可持续发展系统动力机制是指使可持续发展系统中相互依赖、相互影响、相互制约的各个因子各自发挥作用,实现优化组合的内在机制。这种机制使可持续发展系统中的各个因子围绕着系统的目标运转,不断地改变着系统的状况,从而使可持续发展系统向着更高、更新的层次均衡发展。

区域可持续发展系统中的各种生态创新主要源于系统内部的各因素的不协调,当一种或几种因素对其他因素的创新产生阻碍作用时,其他因素的作用力加速了起阻碍作用的因素的更新,使其在某一个时段成为区域可持续发展系统中最活跃和最关键的因素。这些起阻碍作用的因素一旦更新完成,区域可持续发展系统处于一个协调状态,同时也开始孕育新的不协调。可持续发展系统呈现出"协调—不协调—协调"的螺旋式发展状态。

基于生态创新的矿产资源密集型区域可持续发展系统是一种动态复杂系统,企业作为生态技术创新主体,是各种影响因素的集中受力点。系统的演进发展主要受企业外部影响因素、内部影响因素和生态创新的技术特点三方面的影响。其中,外部影响因素包括环境政策、市场供求、生态创新观念、竞争优势和潜力、科技发展；内部影响因素包括企业特点、企业技术实力、企业文化；生态创新的技术特点包括与现行生产系统的兼容性、生态创新的潜在收益性、与新技术评估标准的适应性。在基于生态创新的矿产资源密集型区域可持续发展系统的形成过程中，内部影响因素、外部影响因素、生态创新的技术特点等各种因素相互影响、相互作用、相互协调，共同影响着区域可持续发展系统的运行。具体如图3-4所示。

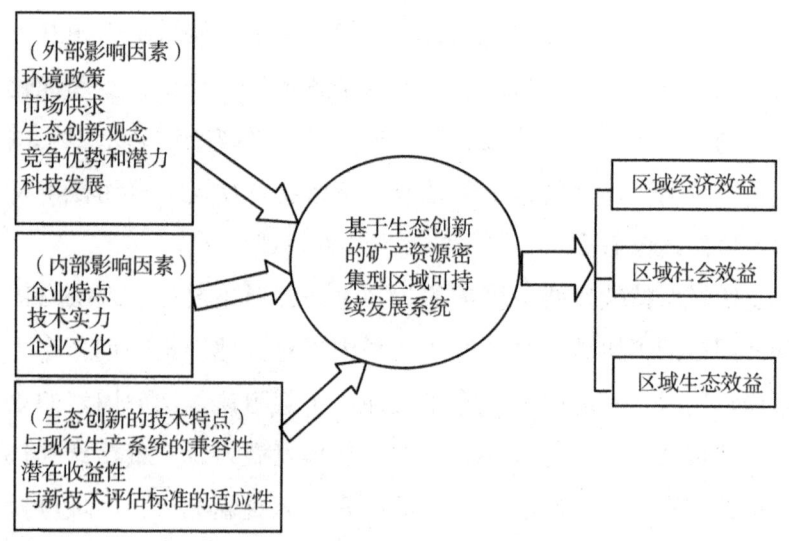

图3-4 基于生态创新的矿产资源资源密集型区域可持续发展系统的驱动因素

1. 外部影响因素

生态创新的实施过程是一个复杂的过程，其中包含着多种因素的影响。外部影响因素包括环境政策、市场供求、生态创新观念、竞争优势和潜力、科技发展等。这些影响因素也为企

3.4 基于生态创新的矿产资源密集型区域可持续发展系统的运行机制

业生态创新的实施提供了外部的发展环境。

(1) 环境政策

在矿产资源的开发利用过程中会产生大量的污染，这直接影响着矿产资源密集型区域的自然生态环境发展的可持续性，这就要求区域政府必须制定相应的环境政策或采取某些措施对企业（特别是高污染企业）的经济活动进行规制，以达到区域自然生态环境的保护。如要求企业采用某项技术标准，或者规定企业周边环境低于某些污染标准，或者规定企业的废气、废水、废物的排放量。与其相反，区域政府也可以采取某些环保政策，对企业提供市场方面或经济方面的刺激以促使企业在环境保护方面做得更好，如某些税收政策、排放许可和政府补助等。

这些环境政策的实施虽然有可能会导致企业成本的增加，但也促进了企业对新技术的研发和使用。有时，对实行严厉的环境规定的预期也促进企业采用生态创新技术。学者们发现，创新往往是企业对未来政策的预期或者是作为现行政策的副产品被开发出来的。所以说，环境政策和企业对环境政策的预期有可能是生态创新的一个关键驱动力。相关的环境政策既包括本区域在环境方面的政策，也包括发达区域或发达国家在环境方面的政策，因为优秀企业常常以发达国家的标准作为未来市场发展的方向。

(2) 市场供求

对于企业而言，既是一些产品的需求者，也是某些产品的供给者。当供应商对其所提供的设备或技术进行革新后，将推动需求这些设备或技术的企业采用新的产品，从而实现生态创新的推广。另外，供给者对其设备或技术的推广态度也直接影响着生态创新的推广程度，大学和科研机构通常是创新成果的积极转让者，所以，与大学和科研机构保持良好合作关系的企业有利于获取创新成果。而作为已经采用生态创新技术的企业而言，为了保持企业的竞争力，在使用生态创新技术的初期，往往不愿意推广生态创新技术，形成区域可持续发展系统的阻力。当模仿者比较多时，这些企业通常会倾向于转让自己拥有的创新成果，形成系统发展的动力。

随着人们生态创新观念的形成，对生态产品的需求也逐步深入人心。对于具有同样功能的产品，生态产品往往具有更高的产品附加值，更能吸引消费者的需求，生产这些生态产品的企业也就能获取更高的利润。

(3) 生态创新观念

生态创新观念是矿产资源密集型区域可持续发展系统重要的驱动力，并和其他驱动力相互作用，共同推动可持续发展系统的形成。企业为了提升其综合业绩，会通过其在环保方面的业绩创新来改善企业形象和展示企业文化。对于矿产资源密集型区域的企业，环保业绩方面的创新直接影响着企业的知名度，而社会公众对其生态创新能力方面的认可是这些创新能否成功的关键。反过来，公众的生态创新观念直接影响着企业的知名度，推动了企业实施生态创新，比如说公众的生态消费观念。

(4) 竞争优势和潜力

在竞争日益激烈的国内或国际市场，保持区域内企业的竞争优势和发展潜力直接影响着区域的可持续发展。这就要求企业必须不断地革新技术，进行生态技术创新，只有这样企业才能保持或扩展其现有的市场地位，取得其他企业无法模仿的能力，保持企业的竞争优势。生态技术创新要求企业既要重视企业在创新方面的投入，包括人、财、物的投入，也要重视对生态创新成果的采用（包含其他创新主体的创新成果）。

对于矿产资源密集型区域，在采用生态创新促进矿产资源产业取得超额经济效益的同时，保持良好的环境绩效，会提高企业的竞争优势或推动矿业企业向非矿企业的转型；对于非矿企业，实施生态创新同样会提升企业的竞争能力。因此，竞争优势和发展潜力是基于生态创新的矿产资源密集型区域可持续发展系统形成的强大推动力，它直接影响到区域发展的可持续性。

（5）科技发展

科学技术是通过研究和利用客观事物普遍存在的规律，达到特定目的的方法和手段。第一，科学技术的发展推进了生产工具的变革，提高了资源的利用效率和产品的生产加工能力。第二，科学技术的发展对社会的影响具有两面性，一是使资源大量消耗和环境污染加重，二是促进了资源节约和环境治理。第三，科学技术的发展，促进了新能源和新材料的开发和利用，推动了新的经济增长点的出现，同时由于新能源的利用也有可能改变原有的能源消费结构，实现资源利用效率的提高和自然生态环境质量的改善，这对矿产资源密集型区域的可持续发展具有特别的意义。第四，科学技术的发展可以促进矿产资源密集型区域可持续发展能力的提高，例如，矿产资源密集型区域借助先进的遥感技术和计算机获得区域全面而准确的信息，对区域制定可持续发展规划、进行大规模生态工程的建设以及对各类自然灾害的预报和预防等均有重要的意义。

2. 内部动力因素

在基于生态创新的矿产资源密集型区域可持续发展系统中，

企业的自身特点、企业技术实力和企业文化等内部影响因素直接影响着基于生态创新的区域可持续发展系统的能力建设。

(1) 企业特点

企业的特点包括企业的盈利能力、资金情况、在价值链中的位置、企业规模、行业特点等。企业作为商品生产和商品交换的经济实体,盈利是其追求的基本目标。企业为了追求更多的利润,往往会倾向于采用能够降低成本、提高效益的技术革新。对于资金状况较好的企业,为了获取长期的竞争优势,更可能会积极地进行生态创新。对于处于价值链中端和末端的企业,迫于具有较强环保意识的客户的压力,也往往对生态创新采用积极的态度。对于一些规模较大的企业,因其资金、技术和人才的充足更可能采用革新程度更高的清洁技术。对于部分规模较小的企业,为了在市场中获得竞争优势,不得不开发出新产品从而做到比竞争对手更好。不同行业特点的企业,对生态创新的需求也有所不同,对于矿产资源密集型区域会造成大量污染的企业,因这些区域对环境保护的要求较高,就迫使这些企业采用更多的生态创新技术。反过来,这些企业对生态创新技术的使用也推动了区域的可持续发展。

(2) 技术实力

生态创新是一种特殊的技术知识形式,在降低企业对环境危害的同时也增强了企业的竞争力。生态创新要求企业拥有一支具备专业技能的人才队伍,既能促进企业更好地开发或采用生态创新技术,也能促进企业同产业链上下游的其他企业保持良好的合作伙伴关系和信息的有效沟通,这对于企业实施生态创新比较重要。企业可以通过对管理者和员工的教育与培训,提高企业的技术实力,推进生态创新的实施。

3.4 基于生态创新的矿产资源密集型区域可持续发展系统的运行机制

（3）企业文化

对环保和创新持有积极态度的企业文化，更能重视生态创新的投入。企业管理者的生态创新意识促使企业的管理、企业的战略和制度制定方面更倾向于环保和创新。这在一定程度上促进了生态创新的实施，同时也就促进了区域的可持续发展。

3. 生态创新的技术特点

（1）与现行生产系统的兼容性

如果一项创新技术与企业现行生产系统兼容性较好，不需要企业对基础设施、管理模式进行大的改变，也不需要对员工进行较多的教育和培训，那么，这类技术更能被企业所采用。

（2）技术的潜在收益性

生态创新技术往往能够在减少对环境危害的同时，又能提高资源的使用效率，也就是降低了企业成本。因为生态创新观念的深入，消费者对环保产品拥有更好的支付意愿，此时，好的环保形象或者是具有更高附加值的生态产品往往也会促进企业产品销量的提高，或者是产品价格的提高。

（3）与新技术评估标准的适应性

随着社会的发展，对技术评估标准也会出现变更，那些与新技术评估标准相适应的技术往往更容易得到推广。

3.4.2 运行机制

根据上述对基于生态创新的矿产资源密集型区域可持续发展的内涵界定，对系统建设主体及影响因素分析，可将基于生态创新的矿产资源密集型区域可持续发展系统的运行机制描述为：

在生态创新观念驱动下，区域政府通过对资源有偿使用、生态补偿、税收调节、环保政策、创新政策的制定，形成生态创新正式制度；而通过生态创新正式制度的制定和宣传，又促进了人们价值观、财富观、生活习惯和思维方式向生态创新非正式制度的转变。

在生态创新制度的影响下，区域政府一方面加大对创新人才培养引进，加大创新资本的投入，积极建设创新基础设施，形成良好的区域创新环境；另一方面，区域政府通过对环境专项资金的投入、环境产业的投入、环保科研的投入，促进区域环境质量的改善。区域政府通过创新制度建设、创新环境建设、环保产业投入，既改善了区域的自然生态环境，又为区域经济、社会的生态发展提供了条件，有利于区域长期竞争优势的形成。

另外，政府利用生态创新制度对企业、市场、个人、非政府组织进行约束、激励和引导；企业在生态创新制度激励和引导下，在大学科研机构和中介组织的协作下，优化组织结构、管理制度，实施生态技术创新，形成企业生态创新文化。区域内的矿业企业在生态创新的驱动下，利用矿产资源禀赋优势带来的财富，通过上下游产业链的延伸或发展非矿产资源产业，逐步摆脱对矿产资源的强依赖性，使企业在增加收益的同时，既取得环境收益又取得社会收益，逐步形成企业的长期竞争优势，进而推动区域的自然生态环境、经济和社会的协调、持续发展。其具体的运行机制如图3-5所示。

3.4 基于生态创新的矿产资源密集型区域可持续发展系统的运行机制

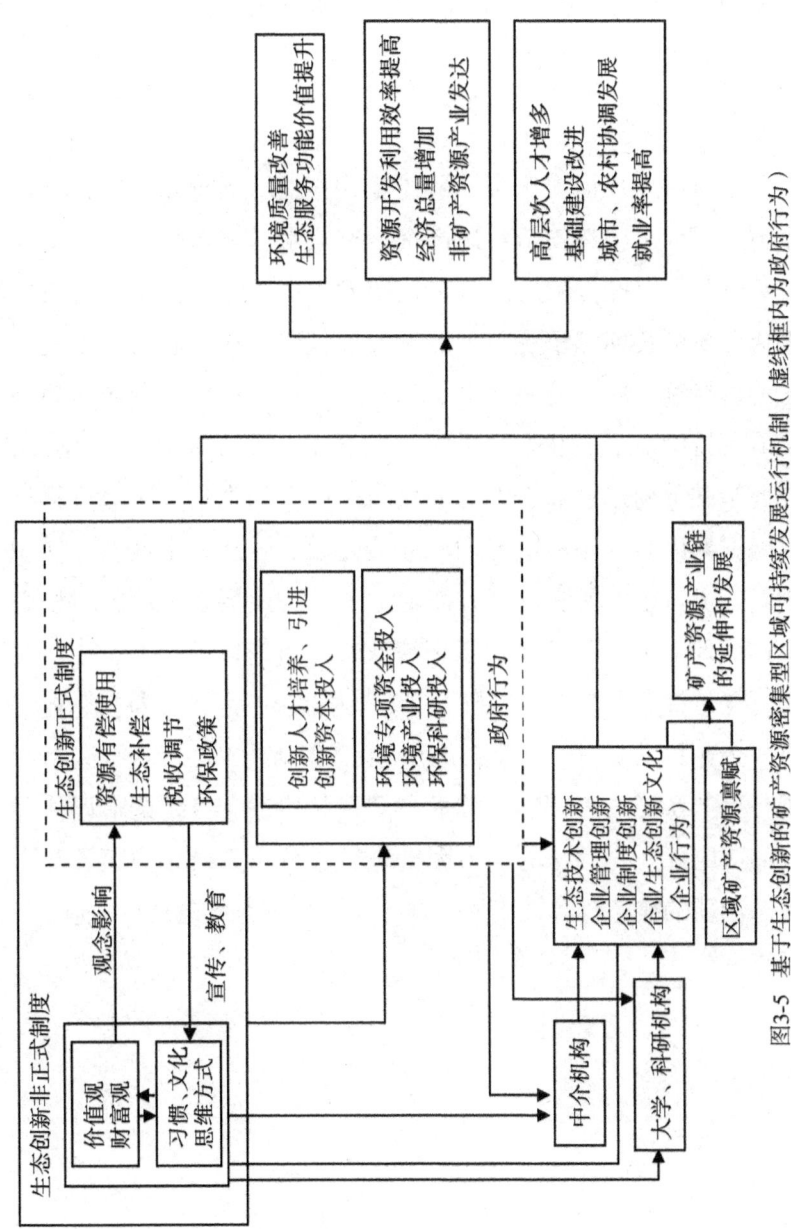

图3-5 基于生态创新的矿产资源密集型区域可持续发展运行机制（虚线框内为政府行为）

3.5 本章小结

本章首先从动力源泉、最佳模式、技术支持和制度保障四个方面研究了生态创新对矿产资源密集型区域可持续发展的意义。然后，对照传统的区域可持续发展的内涵，指出其并没有形成区域的长期竞争优势，区域发展仅限于维持状态，不是真正的可持续发展。进而提出了基于生态创新的矿产资源密集型区域可持续发展的内涵，并对其特征和发展目标进行了阐述，在此基础上构建了基于生态创新的矿产资源密集型区域可持续发展框架体系，并从生态创新环境建设、生态技术创新、知识创新、可持续发展服务等方面论述了其构成要素。从区域核心主体的外部影响因素（包括环境政策、市场供求、生态创新观念、竞争优势和潜力、科技发展）、内部影响因素（包括企业特点、企业技术实力、企业文化）、生态创新技术的特点（包括与现行生产系统的兼容性、技术的潜在收益性、与新技术评估标准的适应性）对系统的动力因素进行了分析。最后构建了基于生态创新的矿产资源密集型区域可持续发展系统的运行机制。

第4章 基于生态创新的矿产资源密集型区域可持续发展评价及预警

矿产资源密集型区域可持续发展研究的一个重要组成部分就是对其进行可持续发展水平的评价及预警研究，它是对矿产资源密集型区域可持续发展系统模型的检验和矿产资源密集型区域可持续发展路径选择的支撑。而这一切的前提就是矿产资源密集型区域可持续发展水平的指标筛选及其指标体系构建。本章的主要任务就是通过生态创新这一视角来对矿产资源密集型区域的可持续发展的评价和预警的指标选取与体系的构建，以期为矿产资源密集型区域可持续发展的趋势和最终目标进行定量分析和判断，进而为矿产资源密集型区域可持续发展的路径选择提供决策依据。

4.1 综合评价指标体系的建立

4.1.1 构建目标

基于生态创新的矿产资源密集型区域可持续发展评价体系

既要反映出经济、社会和自然生态系统之间的协调程度，也要反映出各创新主体之间的协调状态。也就是说，其要达到如下目标：

① 能反映出自然生态环境系统的运行状况，主要是矿产资源的资源禀赋及开发利用状况。

② 能反映出矿产资源密集型区域的环境治理状况和综合反映自然生态环境可持续发展能力状况。

③ 能反映出社会系统的运行状况。

④ 能反映出矿产资源密集型区域技术进步对社会发展的影响。

⑤ 能反映出矿产资源型密集型区域产业结构状况。

⑥ 能反映出生态创新的活力和未来的发展潜力。

⑦ 能反映出政府及企业等的生态创新活力。

⑧ 能反映出政府在生态创新和建设方面的进展及投入情况。

4.1.2 构建原则

对区域可持续发展的评价是一项复杂的工作，尤其是对矿产资源密集这一特定区域。要对其进行全面、合理和系统的评价，最关键的就是指标的科学选取。为此，须遵循的原则如下：

(1) 科学性原则

在构建指标体系过程中，各指标遵循矿产资源密集型区域的经济规律和生态规律，所选指标既能科学地反映该区域的本质特征，又可以通过观察、测试等科学方法和手段对其进行定性或定量的评价。

(2) 系统性原则

在构建指标体系过程中，要坚持全局意识、整体观念。即要把矿产资源密集型区域视为一个受多种因素相互作用、相互制约的系统，该系统是由经济、社会、资源、环境等多种要素构成的综合体。仅从一个单一的子系统进行分析和评价，得出的结果既不全面，也可能是不正确的。

（3）层次性原则

在构建指标体系中，各指标本身就具有多重性的特征，因此对其评价内容是多层次、多因素综合影响和作用的结果。为保证指标体系的全面性、科学性，在指标的选取方面应从整体层次上来把握可持续发展目标的协调性。

（4）区域性原则

矿产资源密集型区域的区域性很明显，这种差异很大程度上决定了可持续发展的评价指标体系上的不同。因此，建立指标体系时应包含反映这种区域特色的指标。

（5）动态性原则

矿产资源密集型区域的生态系统是一种地域性很强且动态发展的系统，对其可持续发展评价是一个涉及多因素、复杂多变的随机系统评价。由于影响该区域可持续发展的因素始终随时间及周围条件的变化而变化，因此，在构建指标体系的过程中，应反映出其动态性的特点。

（6）突出生态创新原则

生态创新的本质是以促进环境收益为目的、促进可持续发展为目标的系统创新。目前虽有部分学者对矿产资源密集型区域的可持续发展评价体系进行了构建，但不是基于生态创新的视角，评价指标体系中缺乏与生态创新能力建设和自然生态环境可持续发展能力相关的指标。故此，本书在构建指标体系时，在借鉴前人研究的基础上，添加部分能够反映区域创新能力和自然生态环境价值的指标。

4.2 评价指标选取方法

4.2.1 初选方法

对矿产资源密集型区域可持续发展评价的第一步就是指标的初选。如何科学全面地选取指标，既是评价工作的前提和基础，也是评价工作的最关键的一步。目前，学界常用的有六种方法，即目标法、范围法、问题法、部门法、复合法和因果法。目标法是根据研究对象的目标，在目标下建立一个或数个指标；范围法是在对评价对象的主要内容进行分类的基础上，再确定各类的指标；问题法则指从评价对象的主要问题出发来选取指标；部门法是将评价对象按照各个部门进行分类后再进行评价；复合法是指为了突出上述方法的优点和克服其缺点，综合运用上述两种或两种以上的选取方法；因果法是指将导致评价对象的种种结果的原因进行分析，进而构建的指标体系。这些方法各有优点和不足。因此，在选取指标时，应根据实际需要，选择不同的方法。

作为由自然生态环境系统、社会系统和经济系统构成的复合系统，矿产资源密集型区域可持续发展评价体系是服务于矿产资源密集型区域可持续发展内容和发展目标的。因此，矿产资源密集型区域可持续发展指标体系初选应该从可持续发展研究目标角度出发，结合上述方法的适用性和优缺点，综合运用上述六种方法选取评价指标。

4.2.2 筛选方法

在构建指标体系的过程中，经过初选的指标可能会出现以下两种情况：一是选取的部分指标对可持续发展评价所起的作用相对较轻；二是部分指标之间可能还存在着交叉和重复。因此，需要运用一定的方法和手段，对初选的指标进行筛选，以剔除关联度较大或对可持续发展评价目标意义不大的指标，最终构建出一个科学的、较为全面的评价指标体系。目前，学界常用的筛选方法有专家经验法、主成分分析法和两两比较法三种。

（1）专家经验法

作为最常用的一种基本的指标筛选方法——专家经验法是指根据相关专家的经验对相关指标进行筛选。矿产资源密集型区域可持续发展研究本身就是一项复杂的工程，对理论性和实践性要求都比较高。在具体筛选时，首先在相关理论分析的基础上，将初选指标中不符合矿产资源密集型区域可持续发展相关理论的指标剔除；然后，通过查阅文献资料，在对前人所采用的评价指标归纳和总结的基础上，结合矿产资源密集型区域的实际情况，再次剔除那些使用频率低且不符合研究区域实际的指标。而对于那些对可持续发展比较敏感的指标，需借助于专家的经验辅助确定。

（2）主成分分析法

主成分分析法是指将多个变量通过线性变换，将多指标问题化为少数几个综合指标的一种多元统计分析方法。经过主成分分析法确定的指标之间互不相关且可以承载足够多的信息，这样就可以更好地和更全面地反映区域可持续发展状况。

(3) 两两比较法

两两比较法又称配对比较法,是指将所进行评价的指标列在一起,通过构造比较矩阵来对指标的重要性进行比较,经过两两比较后,剔除不重要的指标的方法。

在实际过程中,根据需要,可以单独使用专家经验法、主成分分析法和两两比较法的某一种方法,也可以同时使用这三种方法。指标筛选越科学,其评价结果的可靠性和合理性就越强,也就越令人信服。

4.3 综合评价指标体系确立

4.3.1 确立过程

根据上述所提出的总体目标和构建原则,在借鉴国内外学者的相关研究的基础上,结合矿产资源密集型区域的实际及相关数据资料的收集与调查情况,综合运用上述范围法、目标法、问题法、因果法等初选方法,并通过专家经验和两两比较等方法对指标进行筛选,最终构建一个能够测度、分析与评价的矿产资源密集型区域可持续发展评价的指标体系。确立过程如图4-1所示。

(1) 综合分析

根据本书的研究目标和上述构建原则,结合矿产资源密集型区域的实际,综合运用上述范围法、目标法、问题法、因果法等多种方法将矿产资源密集型区域可持续发展的影响因素、程度及作用机理进行全面的综合分析,以达到全方位考虑问题和防止遗漏重要指标的目的。

4.3 综合评价指标体系确立

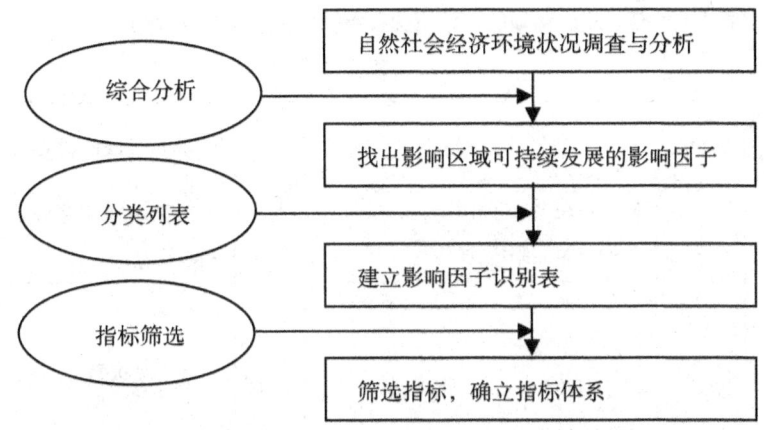

图 4-1　矿产资源密集型区域可持续发展评价指标选择程序图

（2）分类列表

根据矿产资源密集型区域可持续发展研究内容，采用列表清单法将以上复杂的指标按照能够影响自然生态环境子系统、社会子系统、经济子系统的因子（指标）分别列于同一张表格的列与行，经过对其进行识别和条理化后确定出初选指标列表。

（3）指标筛选

根据初选出的对矿产资源密集型区域可持续发展影响因子列表，综合运用专家经验法、主成分分析法和两两比较法三种方法，最终确定能够科学地、全面地反映矿产资源密集型区域可持续发展的评价体系。

4.3.2　指标体系确立

根据上述的流程和方法确定矿产资源密集型区域可持续发展指标体系，该体系由目标层、准则层、指标层三级包含 34 个指标构成，这些指标分别对矿产资源密集型区域的自然生态、社会和经济进行反映。详见表 4-1。

表 4-1 基于生态创新的矿产资源密集型区域可持续发展的综合评价指标体系

目标层	准则层	指标层	指标反映的意义
矿产资源密集型区域可持续发展 (A)	自然生态环境子系统 (B_1)	矿产资源禀赋系数(n_1) 矿产资源储采比,%(n_2)	矿产资源禀赋及开发利用状况
		区域水域功能区水质达标率,%(n_3) 区域环境噪声/dB(A)(n_4) 绿化覆盖率,%(n_5) 空气质量指数(n_6)	自然资源状况
		生活污水集中处理率,%(n_7) 工业固体废弃物综合利用率,%(n_8) 生活垃圾无害化处理率,%(n_9)	环境治理状况
		生态服务功能价值/万元(n_{10})	综合反映自然生态环境可持续发展能力
	社会子系统 (B_2)	人口密度/(人·km^{-2})(S_1) 人口自然增长率,‰(S_2)	人口因素
		每千人拥有卫生机构床数/张(S_3) 人均城市道路面积/m^2(S_4) 移动电话年末用户数/万(S_5)	基础设施
		城镇恩格尔系数,%(S_6) 农村恩格尔系数,%(S_7)	富裕程度
		人均保险费用/元(S_8) 城镇登记失业率,%(S_9)	社会保障
		每百人公共图书馆藏书/(册、件)(S_{10}) 万人具有高等学历人数/人(S_{11}) 科研机构 R&D 人员数/人(S_{12})	创新潜力
		社会发展指数(S_{13})	综合反映社会发展水平

续表

目标层	准则层	指标层	指标反映的意义
矿产资源密集型区域可持续发展(A)	经济子系统(B_3)	区域经济总量/万元(e_1)	可持续发展社会财富指标
		资源型产业占工业总产值比重,%(e_2) 产业结构系数(e_3)	经济结构指标
		资源产出率,亿元/万吨(e_4) 单位GDP能耗降低率,%(e_5)	经济效益和生态效率指标
		科研投入占GDP比例,%(e_6) 有效发明专利数/项(e_7) 技术改造投入(万元)(e_8) 购买国内技术经费(万元)(e_9) 技术引进投入(万元)(e_{10})	生态创新活力
		区域的全要素生产率(e_{11})	综合反映科技进步对经济的贡献

4.3.3 指标体系内容和指标的意义

1. 自然生态环境子系统

作为矿产资源密集型区域可持续发展的基础和约束条件,自然生态环境子系统的作用主要是保证区域生态系统功能能够得到正常发挥、内部结构合理和稳定以及自我维持与自我调节的恢复能力。具体指标包括有反映矿产资源禀赋及开发利用状况的矿产资源禀赋系数和矿产资源储采比指标;反映矿产资源

87

生态环境状况的区域水域功能区水质达标率、区域环境噪声、绿化覆盖率和空气质量指数指标;反映矿产资源开发与利用对区域空气质量影响的环境空气综合指数;反映区域环境治理状况的生活污水集中处理率、工业固体废弃物综合利用率、生活垃圾无害化处理率指标;综合反映自然生态环境可持续的生态服务功能价值指标。各指标的生态含义解释如下：

n_1：矿产资源禀赋系数

资源禀赋系数是国际上常用的一种能够比较准确地反映一个地区某种资源相对丰富程度的计算指标。计算样本为某省(市)内各种资源占全国的比重与该省(市)GDP 占全国 GDP 的比重相比,得出的最终数值称作资源禀赋系数。该指标是反映矿产资源密集型区域可持续发展和自然生态环境的基础指标。

即其计算公式是：

$$EF = (E_i/Ew_i)/(Y/Yw) \quad (4-1)$$

式中，EF 表示资源禀赋系数；E_i 表示某一省(市)拥有的 i 种资源；Ew_i 表示整个国家拥有的 i 种资源；Y 表示某一省(市)GDP；Yw 表示全国 GDP。

如果 EF>1，则某一国家或某一区域拥有的资源 i 在赫-俄模型(H-O 模型)的意义上是丰富的，具有比较优势。

如果 EF<1，则某一国家或某一区域拥有的资源 i 在赫-俄模型(H-O 模型)的意义上是短缺的，不具有比较优势。

n_2：矿产资源储采比

作为衡量后备资源情况的重要指标,矿产资源储采比是用年末剩余储量与当年产量之比来表示的,储采比也可按保有地质储量计算。本书借鉴周德群、吴永勤(1999)的计算方法,即保有地质储量与当年产量之比[178]。储采比越大,在同样的开采规模下,矿山服务年限越长。该指标是反映矿产资源密集型区域资源可持续性的指标。

n_3:区域水域功能区水质达标率

区域水域功能区水质达标率是评价区域水环境状况的重要指标。该指标是区域水资源管理的重要依据,其取值介于0~1之间,水质达标率越高,说明该区域对维护河流生态系统健康和保障水资源可持续利用程度也越高,反之,就越低。

n_4:区域环境噪声

该指标是反映区域可持续发展的环境指标之一,是指将区域以一定的密度分成一定数量的区域网格,分别对这些网格进行监测,并计算噪声值。

n_5:绿化覆盖率

该指标反映区域绿化水平。一个区域的绿化覆盖率意味着其自然生态环境的可持续能力较强。其用区域建成区绿化覆盖面积与建成区面积之比来表示,指标取值介于0~1之间,取值越大,表明区域自然生态环境的可持续能力越强。

n_6:空气质量指数

空气质量指数(Air Quality Index,简称AQI)是一种用来评价大气环境质量状况的指标。AQI计算步骤如下:

(1)对照各项污染物的分级浓度限值(AQI的浓度限值参照GB3095—2012),以细颗粒物(PM2.5)等几项污染物的实测浓度值(其中PM2.5、PM10为24小时平均浓度)分别计算各项目P的空气质量分指数(Individual Air Quality Index,简称IAQI)。其计算公式如下:

$$\text{IAQI}_P = \frac{\text{IAQI}_{Hi} - \text{IAQI}_{Lo}}{\text{BP}_{Hi} - \text{BP}_{Lo}}(C_P - \text{BP}_{Lo}) + \text{IAQI}_{Lo} \qquad (4-2)$$

$IAQI_P$ 代表污染物项目 P 的空气质量分指数；C_P 代表污染物项目 P 的质量浓度值；BP_{Hi} 代表各项污染物的分级浓度限值中的最高位值；BP_{Lo} 代表各项污染物的分级浓度限值中的最低位值；AQI_{Hi} 代表各项污染物的分级浓度限值中与 BP_{Hi} 对应的空气质量分指数；AQI_{Lo} 代表各项污染物的分级浓度限值中与 BP_{Lo} 对应的空气质量分指数。

(2)确定为 AQI。AQI 就是各项污染物的空气质量分指数（IAQI）中的最大值。具体计算公式如下：

$$AQI = \max\{IAQI_1, IAQI_2, IAQI_3, \cdots, IAQI_n\} \quad (4-3)$$

式中，IAQI 为空气质量分指数，n 代表污染物项目。

目前 AQI 数据是以日报和实时报两种方式，根据本书研究需要，本书采用年度数据，故采用年空气质量达标率指标。

n_7：生活污水集中处理率

由于农村目前大多没有相对完善的污水处理系统，生活污水随意排放。故此，本书只能用城市生活污水集中处理率来替代。城市生活污水集中处理率是指经过城市集中式污水处理厂二级处理达标的城市生活污水量与城市生活污水排放总量的百分比。比值越高，代表生活污水对区域可持续发展的潜在威胁越小。该指标是在一定程度上反映矿产资源密集型区域可持续发展和环境受益的结果。

n_8：工业固体废弃物综合利用率

$$\frac{\text{工业固体废弃物}}{\text{综合利用率}} = \frac{\text{各工业企业当年综合利用的工业固体废弃物量}}{\text{当年各工业企业产生的工业固体废弃物量}}$$

$$(4-4)$$

该指标是用来反映工业固体废弃物综合利用的资源化水平。比值越大表明工业固体废弃物对城市的潜在威胁越小。

n_9：生活垃圾无害化处理率

4.3 综合评价指标体系确立

由于目前农村对生活垃圾污染问题关注较少，数据的获取较难，故本书用城市生活垃圾无害化处理率来替代。

$$\text{城市生活垃圾无害化处理率} = \frac{\text{经无害化处理的城市生活垃圾数量}}{\text{城市生活垃圾清运总量}} \tag{4-5}$$

该指标越大，表明生活垃圾污染问题越小。

n_{10}：生态服务功能价值

作为反映区域生态创新能力的综合指标，生态服务是指对人类生存及生活质量有贡献的生态系统产品和生态系统功能，本书利用 Costanza 等人[179]在 1997 年对生态系统服务价值估算的原理及方法，同时借鉴谢高地等对国内 200 多位生态学学者进行问卷调查得出的"中国生态系统生态服务价值当量因子表"[180]以及对生态服务价值的核算方法，对矿产资源密集型区域的生态服务功能价值进行核算。

2. 社会子系统

实现矿产资源密集型区域的可持续发展，离不开完善的公共服务、社会保障和区域的社会文明等。而这中间，人是主体。因此，该子系统包括反映人口因素的人口密度、人口自然增长率；反映基础公共服务设施的每千人拥有卫生机构病床数、人均城市道路面积和移动电话年末用户数指标；反映居民富裕程度的城镇和农村恩格尔系数指标；反映社会保障的人均保险费用和城镇登记失业率指标；反映区域生态创新潜力的万人具有高等学历人数和科研机构 R&D 人员数指标；以及综合反映生态创新的人类社会生态的社会发展指数指标。各指标的具体生态含义如下：

s_1：人口密度

作为反映区域人口密集程度的指标，通常以每平方千米或每公顷内的常住人口为计算单位。该指标越大，表示该区域的可持续发展压力越大。

s_2：人口自然增长率

控制人口增长、保护资源是实现区域可持续发展的重要途径。该指标以年为单位计算，用千分比来表示。

s_3：每千人拥有卫生机构病床数

该指标用于衡量医疗服务的普及度。它反映一个地区的医疗保健发展水平，指标数值越大，表明一个地区医疗服务能力越强。

s_4：人均城市道路面积

该指标是用城市道路的面积除以该城市的人口数。它不仅能够反映出城市公共交通发展水平和交通结构状况，而且还能反映城市居民出行的方便程度和道路的总体交通负荷程度。该指标值越大，表明区域的社会发展水平越高，城镇化的水平越高，区域的社会发展就相应呈现出可持续性。

s_5：移动电话年末用户数

该指标用来反映一个地区的基础设施和现代化技术普及程度。该指标值越大，表明区域的社会发展水平越高，区域可持续发展程度也就越高。

s_6 和 s_7：城镇恩格尔系数和农村恩格尔系数

恩格尔系数的计算公式：恩格尔系数＝食物支出总额/家庭消费支出总额，该系数越小，表明区域消费需求也就越合理，区域可持续发展程度就越高。

s_8：人均保险费

人均保险费是按一个国家或地区的常住人口数量计算出的指标。该指标反映该地区国民参加保险的程度，指标值越高，表明区域的社会发展水平越高,人们的生活质量也就越高,进而对可持续发展的要求也就越高。

s_9:城镇登记失业率

根据目前我国对城镇登记失业率的相关概念的界定,它是用城镇登记失业人数/(城镇从业人数+城镇登记失业人数)来表示的。城镇登记失业率越低,就表明一个国家或地区的社会发展水平越高,其可持续发展水平就越高。

s_{10}:每百人公共图书馆藏书

该指标是指区域内图书馆藏书总量除以该区域常住人口总数。一方面可以大致反映出区域居民进行休闲阅读的状况;另一方面反映一个区域总体的文化氛围和区域生态创新的潜力。

s_{11}:万人具有高等学历人数

该指标是以地方常住人口计算的,是指平均每一万人中已拥有大专或大专以上学历的人数,它是反映区域高等教育发展规模的重要依据。该指标值越小,表明区域的科技创新和发展将越缺乏后劲。

s_{12}:科研机构 R&D 人员数

该指标是指参加 R&D 项目的人员以及 R&D 项目的管理人员和直接服务人员。该指标反映区域的可持续发展创新潜力。

s_{13}:社会发展指数

它是用来反映人类社会发展水平的综合指标,通常用人类发展指数来表示。该指标由联合国开发计划署于 1990 年提出,具体由反映人类的长寿水平、知识水平和生活水平的预期寿命、成人识字率和人均 GDP 的对数三个指标构成。其计算方法有 2009 年之前和 2010 年之后两种算法。本书在计算该指标时采用的方法:2009 年之前采用的是 2009 年计算公式,2010 年之后采用的是 2010 年的计算公式。

3. 经济子系统

经济子系统主要是围绕创新驱动这条主线，通过技术创新等方式来促进矿产资源密集型区域经济结构战略性调整和产业升级，为此选取经济总量、结构指标、生产效率和经济效益指标及其生态创新能力方面指标。具体包括反映经济总量和结构的区域经济总量；反映经济结构指标的资源型产业占工业总产值比重指标和产业结构系数；反映经济效益和生态效率指标的资源产出率指标和单位GDP能耗降低率；反映区域生态创新活力的科研投入占GDP比例、有效发明专利数、技术改造投入、购买国内技术经费、技术引进投入指标；以及综合反映生态创新技术对经济贡献的区域全要素生产率等指标。

e_1：区域经济总量

该指标用来反映区域财富的指标。本书用区域的国民生产总值来表示。GDP越高，表明该矿产资源密集型区域可利用的财富越多。

e_2：资源型产业占工业总产值比重

该指标值越大，说明该区域工业对优势资源的依赖性越强，该区域的可持续发展能力越弱。

e_3：产业结构系数

该概念是由暨南大学经济学院龚唯平、赵今朝提出的，它反映了区域三次产业之间相互作用以及其对区域经济体产出的影响。其具体计算公式如下[181]：

$$Y = bF(X_1, X_2, X_3, A) \tag{4-6}$$

式（4-6）中，b为产业结构系数；Y代表国内生产总值；X_1代表第一产业的产值；X_2代表第二产业的产值；X_3代表第三产业的产值。A代表制度和技术水平，作为产业结构变动状态的产业结构系数，它影响着整个生产函数。b 的取值为大于 0 的数值；当 $0 < b < 1$ 时，表明产业之间的结构不协调，这就造成资源浪费或者资源利用不充分，进而导致一、二、三产业间整体协作能力不强。当 $b > 1$ 时，则表明产业之间的结构协调很好，一、二、三产业间的比例适合区域经济发展的需要。当 $b = 1$ 时，表明三次产业之间的协调性就像点与线的关系，很难进行捕捉与验证。按照赵今朝、龚唯平对产业相关系数的测算办法，本书首先对研究区域的 GDP、第一、二、三产业的值进行回归，在回归方程通过检验后，将研究区域的第一、二、三产业的值代入方程，即可得出预测的 GDP，进而把预测的 GDP 与实际的 GDP 进行比较，就可以估算出 b 的大小。

e_4：资源产出率

资源产出指标主要是指消耗一次资源（包括煤、石油、铁矿石、10 种有色金属稀土矿、磷矿、石灰石、沙石等）所产生的国内生产总值（按不变价计算）。该项指标越高，表明自然资源利用效益越好。具体计算公式为：

$$资源产出率 = \frac{地区生产总值（亿元不变价）}{资源消耗量（万吨）} \quad (4-7)$$

e_5：单位 GDP 能耗降低率

该指标是实现可持续发展和考核资源利用效率的重要指标。目前作为政府考核指标的单位 GDP 能耗降低率，其计算方法为

$$单位 GDP 能耗降低率（\%） = \left(\frac{本年单位 GDP 能耗}{上年单位 GDP 能耗} - 1\right) \times 100\% \quad (4-8)$$

推导公式为

$$单位 GDP 能耗降低率（\%） = \left(\frac{本年能耗消费总量增长指数}{本年 GDP 增长指数} - 1\right) \times 100\% \quad (4-9)$$

e_6：科研投入占 GDP 比重

它是用一个国家或地区的用于研究和试验的经费占其 GDP 的比重。它既是反映一个国家或地区科技活动规模及科技投入强度的指标，也是反映一个国家或地区的全社会科技投入和创新情况及其经济增长的潜力和可持续发展能力的指标。

e_7：有效发明专利数

该指标主要来反映技术对经济发展的促进作用，它从一定层面反映出一个区域的生态创新的活力。

e_8，e_9，e_{10}：技术改造投入、购买国内技术经费和技术引进投入

上述三个指标反映出一个区域重视创新的程度和区域创新的活力，它是体现区域自主创新能力和综合竞争力以及可持续发展的重要标志。

e_{11}：全要素生产率

全要素生产率也称为综合要素生产率。作为衡量科技进步对经济增长的贡献的一个综合指标，其计算方法有很多种，本书主要利用 DEA-Malmquist 指数对区域的全要素生产率进行测算。该指标主要是用来判断创新对矿产资源密集型区域可持续发展经济子系统的贡献指标。

4.4 矿产资源密集型区域可持续发展综合评价

4.4.1 综合评价概述

1. 综合评价合成方法

要想对区域可持续发展进行系统的、全面的评价，就必须

将评价体系中的各个指标"合成"为一个综合评价值。目前，用于数学模型"合成"的方法较多，关键是如何选择一个科学、合理的合成方法。

(1) "加权"合成法

该方法也称为线性加权综合法，其应用的线性模型如下：

$$y = \sum_{j=1}^{m} w_j x_j, \ 0 \leq w_j \leq 1 \ (j = 1, 2, \cdots, m), \ \sum_{j=1}^{m} w_j = 1 \tag{4-10}$$

式(4-10)中，y 为系统综合评价值，w_j 是与评价指标相应的权重系数。该合成方法的特性具体如下：

① 该评价方法适用于各评价指标间相互独立的场合。该方法合成时运算采用"和"的方式来进行计算。反过来，若各评价指标间不是独立的，那么得出的结果与客观实际差别就比较大。

② 该方法可使任一指标值的增加或减少都会使综合评价值同时增加或用其他指标值的增加来弥补。

③ 该方法中的权重系数比在其他"合成"法中权重系数的作用更明显。

④ 在权重系数预先给定的情况下，该方法对区分各备选方案之间的差异不是太敏感。

⑤ 该方法对于指标无量纲化后数据没有特殊要求。

⑥ 该方法计算还具有简便、易推广的特点。

(2) "乘法"合成法

该方法也称非线性乘法综合法，其具体的模型如下：

$$y = \prod_{j=1}^{m} x_j^{w_j} \tag{4-11}$$

式(4-11)中，w_j 代表权重系数，$x_j \geq 1$。

其具体特性如下：

① 该方法适用于有较强关联的指标评价。

② 由于乘积运算的性质，该合成方法突出评价指标值中较小者的作用，强调的是各备选方案中各指数无量纲后的指标值大小的一致性。

③ 在该合成方法中，与线性加权综合法指标权重系数的作用相比，没有前者那样明显。

④ 与线性加权综合法指标值变动相比，非线性加权综合法对指标值变动更敏感。

⑤ 该合成方法要求无量纲指标值须大于或等于1。

⑥ 该方法还具有计算比较复杂的特点。

(3) 增益型线性加权综合法

该方法是在综合评价中引入增益函数，构造综合评价函数：

$$y = \sum_{j=1}^{m} w_j \frac{x_j + \mu(x_j)}{2} \qquad (4-12)$$

对取定的 $s(s>0$ 且 $s \neq 1)$，称映射 $\mu: [0, 1] \to [0, s]$ 为一个增益函数，μ 满足：

① μ 连续，分段可导；

② 若 $x_1 \geq x_2$，则 $\mu(x_1) \geq \mu(x_2)$，$\mu'(x_1) \geq \mu'(x_2)$；

③ $\mu(0) = 0$，$\mu(1) \geq s$，$\mu(0.5) < 0.5$；

④ 当 $s > 1$ 时，μ 为增益，但当 $0 < s < 1$ 时，μ 为折损。

(4) 理想点法

该方法设定一个理想的系统或样本点为 $(x_1^*, x_2^*, x_3^*, \cdots, x_m^*)$，当系统为最优时，则认为被评价对象与理想系统在某种意义下非常接近。具体的数学模型为：

$$y_i = \sum_{j=1}^{m} w_j f(x_{ij}, x_j^*), \quad i = 1, 2, \cdots, n \qquad (4-13)$$

式(4-13)中，w_j 为权重系数，$f(x_{ij}, x_j^*)$ 为分量 x_{ij} 与 x_j^* 之间的某

种距离。通常取欧氏（加权）距离，即取 $f(x_{ij}, x_j^*) = (x_{ij} - x_j^*)^2$，进而按照按 y_i 的值大小对各被评价对象进行排序。

2. 综合评价关键问题

如何正确解决各项指标的类型一致化、各指标的量纲化处理、各指标数据可比化和权重系数，是能否客观地、综合地对研究对象进行评价的前提。

(1) 评价指标的一致化

指标体系中的指标中不同指标有"正向"、"逆向"和"适度"之分。一般而言，将指标取值越大越好称为"正向"指标，反之则称为"逆向"指标，而将取值适度的指标称为"适度"指标。在综合评价体系中，如果存在两种以上指标而无法根据 y_i 值大小对研究对象的优劣进行综合评价时，需要将这些指标进行归一化处理，即一致化处理。

对于逆向指标，可以令 $x^* = M - x$ 或者 $x^* = \dfrac{1}{x}(x>0)$，M 为指标 x 的一个允许上界。对于适度指标 x，令

$$x^* = \begin{cases} \dfrac{2(x-m)}{M-m} & \left(m \leqslant x \leqslant \dfrac{M+m}{2}\right) \\ \dfrac{2(M-x)}{M-m} & \left(\dfrac{M+m}{2} \leqslant x \leqslant M\right) \end{cases} \qquad (4\text{-}14)$$

式(4-14)中，m 为指标 x 的一个允许下界，M 为指标 x 的一个允许上界。

(2) 评价指标的无量纲化问题

在评价体系中，由于选取的各指标的含义和计算方法不同，各指标的单位差异比较大，也无法合成在一起，故此，必须先对各项指标进行标准化处理，也即无量纲化处理[182]。无量纲化

处理就是将指标的原始数据按照一定的方法计算求得该指标的得分,以消除原数据量纲的影响。常用方法如下:

① 根据指标的不同作用倾向,可将单项指标分为正效指标和负效指标。

正效指标是指指标数值越大越好的指标,此类指标值越大,对矿产资源密集型区域可持续发展越有利;负效指标是指指标数值越小越好的指标,此类指标值越小,对矿产资源密集型区域可持续发展越有利。因此,对于上述的指标类型,在对其做无量纲化处理时应采用以下公式[183]:

正效指标数据的无量纲处理变换公式为:

$$U_i = \frac{C_i}{S_i} \quad (4\text{-}15)$$

式(4-15)中,U_i 为指标标准值;C_i 为实际值;S_i 为参考值,取各年份数据中最大值;i 为评价指标个数。

负效指标数据的无量纲化变换公式为:

$$U_i = \frac{S_i}{C_i} \quad (4\text{-}16)$$

式(4-16)中,U_i 为指标标准值;C_i 为实际值;S_i 为参考值,取各年份数据中最小值;i 为评价指标个数。

② "标准化"处理法:

$$x_{ij}^* = \frac{x_{ij} - \bar{x}_j}{s_j} \quad (4\text{-}17)$$

式(4-17)中,x_{ij}^* 为指标标准化后的数值,$\bar{x}_j$,$s_j(j=1,2,\cdots,m)$ 分别为第 j 项指标的平均值和均方差。

③ 极值处理法:

$$x_{ij}^* = \frac{x_{ij} - m_j}{M_j - m_j} \quad (4\text{-}18)$$

式(4-18)中，$M_j = \max\limits_i \{x_{ij}\}$，$m_j = \min\limits_i \{x_{ij}\}$，且 $x_{ij}^* \in (0, 1)$。

④ 功效系数法：

$$x_{ij}^* = c + \frac{x_{ij} - m_j}{M_j - m_j} \times d \tag{4-19}$$

式(4-19)中，M_j，m_j 分别为指标 x_{ij} 的满意值和不允许值。c，d 均为已知正常数(常取 $c = 60$，$d = 40$)。c 的作用是对变换后的指标进行"平移"，d 的作用是对变换后的值进行"放大"或"缩小"。经过对评价指标的类型一致化和指标标准化处理后，再运用相应的评价模型，就可以得出相对应的评价结果。具体评价结果如下：如果采用线性评价模型、非线性评价模型之和，则与区域可持续发展状况是最好的相关对应的分别是 $\max\limits_i \{y_i\}$ 和 $\min\limits_i \{y_i\}$。

(3) 权重的确定

学界通常采用的确定权重的方法有以下三种。第一是主观赋权法，其优点是专家根据实际问题，结合自己的知识和经验，较为合理地确定各指标之间的先后顺序，它是一类"求大同存小异"的方法。其在一定程度上能够有效地按指标的重要程度确定其优先次序。该方法的主要缺点就是主观性太大，对于同一个指标，权重系数会因专家的不同而出现一定的差距。目前该方法最有代表性的就是层次分析(AHP)法。

第二种方法是客观赋权法，它是依据各指标的信息量的大小来确定其权重。这种方法主要根据实际数据来进行评价，使各指标的权重系数有绝对的客观性。该类方法最大的优点就是所确定的权重系数客观性较强，其缺点就是没有考虑到决策者的主观意愿和繁琐的计算方法。采用这种方法，得出的结果可能会与各属性的实际重要程度相悖[184]。目前该方法最有代表性的是"拉开档次"法、熵值法、投影寻踪法等。

第三种方法是综合集成赋权法,该方法则综合了上述两种方法的优缺点,从逻辑上将主观和客观赋权法有机结合起来,使确定的权重系数既能够与实际情况更接近一些,还能体现各评价因素的相对重要性及其客观反映信息量大小。

4.4.2 基于综合集成赋权法的可持续发展综合评价

根据上述确定权重的方法,本书采用综合集成赋权法来确定矿产资源密集型区域可持续发展评价指标的权重。即采用层次分析法和熵权法相结合的方法。

1. 层次分析法确定的指标权重

层次分析法就是将问题分解成不同的因素,并将问题归并成不同的层次。在每一层中按照一定的准则对该层元素进行逐对比较,并按层次分析法标度定量化,形成判断矩阵。通过计算判断矩阵的最大特征值以及相对应的正交化特征向量,得出该元素对该准则的权重。在此基础上,可以计算出各层次元素对于该准则的比重。

层次分析法主要有以下几个步骤:

(1)建立多层递阶结构

将所要评价的目标按所包含的因素进行分组,把每一组作为一个层次,按照最高层、若干相关的中间层和最低层的形式排列起来,形成一个多层次结构(见图4-2)。

(2)构造判断矩阵

4.4 矿产资源密集型区域可持续发展综合评价

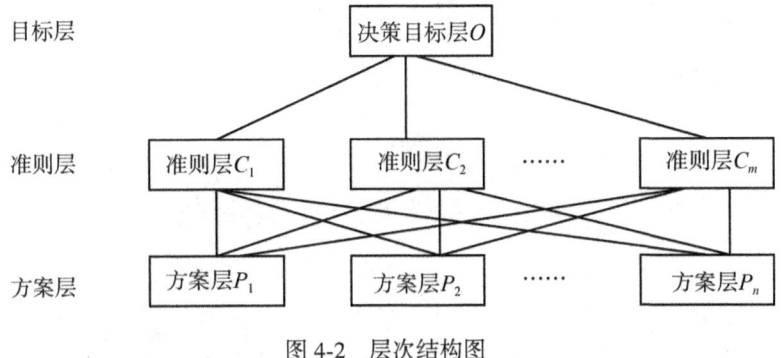

图 4-2 层次结构图

在建立多层递阶结构之后，多层间的隶属关系就明确了，进而通过采用常用的 1~9 相对标度方法将每一层次中各因素的相对重要性以数量形式表示出来。如比较某层次 n 个因素 C_1，C_2，…，C_n 对上层一个元素 B_k 的影响，只需每次取两个指标，进行指标间两两重要性比较和分析判断，在构造两两比较判断矩阵时，将采用层次分析法 1~9 标度表(见表 4-2)。

表 4-2　　　　　　　层次分析法 1~9 标度表

A 指标与 B 指标比	相等	略重要	重要	很重要	极重要	略不重要	不重要	很不重要	极不重要
评价值	1	3	5	7	9	1/3	1/5	1/7	1/9

注：2，4，6，8，1/2，1/4/，1/6 是上述判断的中间过渡。

(3) 判断矩阵的一致性检验

由于层次分析法采用的是两两比较法，在应用过程中可能会出现判断不一致的情况。为了评价层次排序的有效性，还必须对判断矩阵的评价结果进行一致性检验。为此,托马斯·莎迪提出了随机一致性比值概念,记为 CR。

CR 的计算公式为

$$CR = \frac{CI}{RI} \tag{4-20}$$

首先计算判断矩阵一致性指标 CI,其计算公式如下:

$$CI = \frac{\lambda_{max} - n}{n - 1} \tag{4-21}$$

其中,λ_{max} 为判断矩阵的最大特征根;n 为判断矩阵的阶数;RI 为平均随机一致性指标,它与判断矩阵的阶数 n 有关。Seaty 对 RI 的取值所做的规定如表 4-3 所示。

表 4-3   随机一致性标准

n	1	2	3	4	5	6	7	8	9	10
RI	0	0	0.58	0.9	1.12	1.24	1.32	1.41	1.45	1.49

注:对于 1、2 阶判断矩阵而言,总认为判断矩阵是完全一致的,不必计算。因此,CR 规定为 0。

通常,当 CR≤0.1 时,可认为判断矩阵有满意的一致性,能够进行层次单排序;当 CR≥0.1 时,可认为判断矩阵一致性偏差太大,需要对判断矩阵进行修正,直到使其 CR≤0.1 达到满意的一致性。

(4)计算各级指标权重

根据判断矩阵,可以计算出各级指标的权重,其计算步骤如下:

① 计算判断矩阵每一行元素的乘积 M_i:

$$M_i = \prod_{j=1}^{n} a_{ij} \quad (i = 1, 2, \cdots, n) \tag{4-22}$$

② 计算 M_i 的方根。

③ 对向量 $(\overline{W_1}, \overline{W_2}, \cdots, \overline{W_n})^{\mathrm{T}}$ 进行规范化处理，得

$$W_i = \frac{\overline{W_i}}{\sum_{i=1}^{n} \overline{W_i}} \qquad (4\text{-}23)$$

2. 熵值法确定权重系数

熵值是在信息论中度量无序化程度的指标。该指标越小，表明系统的无序度就越低。由于熵值可以尽量消除各指标权重计算的人为干扰，其在指标权重系数确定中应用越来越多。具体做法是分别将各评价指标和时间序列指标取值作为信源和信源的可能出现结果，进而通过判断矩阵即可计算出相应的指标所对应的熵权。

在矿产资源密集型区域可持续发展综合评价指标的权重确定中，假设 1 年的评价指标数据为 1 个评价样本，m 年时间序列的数据则就是 m 个评价样本，评价指标为 n 个，以上述 34 个评价指标标准化后的数据为基础构建判断矩阵 $A = (a_{ij})$，$i = 1, 2, \cdots, n$；$j = 1, 2, \cdots, m$；其熵权计算步骤如下[185]：

① 计算标准化后的第 j 项指标下第 i 个评价对象指标值的比重 b_{ij}：

$$b_{ij} = \frac{a_{ij}}{\sum_{j=1}^{m} a_{ij}} \qquad (4\text{-}24)$$

② 影响因子的熵值 H_i：

$$H_i = -\frac{1}{\ln m} \sum_{j=1}^{m} b_{ij} \ln b_{ij} \qquad (4\text{-}25)$$

为使 $\ln b_{ij}$ 有意义，当 $b_{ij} = 0$ 时，根据矿产密集型区域的可

持续发展实际意义,可以理解 $\ln b_{ij}$ 为一较大数值,与 b_{ij} 相乘趋于 0,故可认为 $b_{ij} \ln b_{ij} = 0$。但当 $b_{ij} = 1$ 时,可以理解 $\ln b_{ij} = 0$,这与反映的信息无序化程度熵值相矛盾,故此,将 b_{ij} 修正为

$$b_{ij} = \frac{1 + a_{ij}}{\sum_{j=1}^{m}(1 + a_{ij})} \quad (4-26)$$

③ 计算影响因子的熵权 $W = (\omega_i)_{1 \times n}$:

$$\omega_i = \frac{1 - H_i}{n - \sum_{i=1}^{n} H_i} \quad (4-27)$$

公式满足 $\sum_{i=1}^{n} \omega_i = 1$,根据以上公式可以计算得出矿产资源密集型区域可持续发展综合评价指标的熵值及熵权,并根据熵值和熵权的大小来确定指标是否提供较多有用的信息,是否重要。

3. 综合集成赋权法确定权重系数

设 ω_{1j} 为主观赋权法计算 x_j 得出的权重系数,ω_{2j} 为客观赋权法计算 x_j 得出的权重系数,则称综合集成赋权法计算得到的权重 ω_j 为

$$\omega_j = p\omega_{1j} + q\omega_{2j} \quad (4-28)$$

式(4-28)中,$p = q = 0.5$。

4.4.3 矿产资源密集型区域可持续发展综合评价指数

基于生态创新的矿产资源密集型区域可持续发展评价追求自然生态环境、经济、社会的高度和谐。当然,在实现这一目标的过程中,一直会存在着一个水平状态、发展状态和协调状

态。通过对其不同时期的评价,并进一步预测其未来的发展状态,可以便于管理部门及时调整相关的发展策略。为此,在借鉴前人研究的基础上,本书采用水平指数(U)、协调指数(CI)和持续指数(SI)三个指数。

1. 可持续发展水平综合指数(U)

该指数的计算方法是:首先根据上述所确定的综合赋权法确定各层指标的权重值,然后利用上述标准化处理方法对各指标原始数据进行无量纲化处理,最后由线性加权得到综合评价指数。经过上述计算得出的综合评价数值范围为[0,1],综合评价指数越接近于1,说明矿产资源密集型区域可持续发展的系统的状态越好;综合评价指数越接近于0,说明矿产资源密集型区域可持续发展的系统的状态越不好。根据上文构建的综合评价指标体系,本书采用多目标线性加权法来构建矿产资源密集型区域可持续发展水平综合指数模型,公式为

$$U = \sum_{j=1}^{M} \omega_j x_j \quad (4\text{-}29)$$

式(4-29)中,U 为矿产资源密集型区域可持续发展水平综合指数,x_j 分别为自然生态环境子系统、社会子系统、经济子系统的可持续指数;ω_j 表示权重。

2. 可持续发展协调指数

基于生态创新的矿产资源密集型区域可持续发展追求的是自然生态环境、经济、社会的高度和谐。其中任一子系统的异常变动都将影响到整个区域的可持续发展状态。因此,本书采用协调指数的计算公式为

$$CI = \frac{X+Y+Z}{\sqrt{X^2+Y^2+Z^2}}$$

$$\text{s.t.} \begin{cases} X = N_2 - N_1 \\ Y = S_2 - S_1 \\ Z = E_2 - E_1 \end{cases} \tag{4-30}$$

式(4-30)中，CI 为协调指数；N_1，N_2，S_1，S_2，E_1，E_2 分别为不同时期自然生态环境可持续发展指数、社会发展可持续发展指数和经济可持续发展指数。$-1.732 \leq CI \leq 1.732$（即 CI 的最小值为 -1.732，最大值为 1.732）。

当 $1 < CI \leq 1.732$ 时，称为强协调性发展。此阶段的矿产资源密集型区域的自然生态环境、社会和经济三个子系统是相协调发展的，其可持续发展较为理想。

当 $0 < CI \leq 1$ 时，称为弱协调性发展。此阶段的矿产资源密集型区域的自然生态环境、社会、经济三个子系统中的某一子系统出现了异常，但因各系统的自我修复功能，其从整体上来说，整个区域的可持续发展还是朝协调方向迈进的。

当 $-1.732 \leq CI < 0$ 时，称为不可协调性发展。具体来说，还可将此阶段细分为强不可协调性发展（$-1.732 \leq CI < -1$）和弱不可协调性发展（$-1 \leq CI < 0$）。此阶段的矿产资源密集型区域的三个子系统中的一个或多个子系统不断恶化，并且已超出了各子系统自我修复的阈值，此时各子系统处于不可逆的状态，使得整个区域都处于不可协调的状态。

当 CI=0 时，为停滞协调性发展。

3. 可持续发展持续指数

如果矿产资源密集型区域的三个子系统的生态环境保持了

较快的持续性的增长,则表明其发展是可持续的并且可持续性较强;如果矿产资源密集型区域的三个子系统的生态环境保持了持续性的下降,则表明其发展是较弱的可持续性;如果矿产资源密集型区域的三个子系统的生态环境保持为负数增长时,则表明其发展是不可持续的。

本书具有针对性地设计了 A, B, C 三类指标来研究矿产资源密集型区域的发展速率问题,其中 A, B, C 分别表示自然生态环境、社会和经济子系统可持续指数。A, B, C 的标准化处理之后的数值介于 0~1 之间,当指标数为 0 时,表明各指标的变化处于最差状态;当其为 1 时,表明各指标拥有最好的变化状态。

假设

$$X_1 = \sqrt{N_1^2 + S_1^2 + E_1^2}, \quad X_2 = \sqrt{N_2^2 + S_2^2 + E_2^2}$$

在计算公式中, N_1, N_2, S_1, S_2, E_1, E_2 为不同时期自然生态环境、社会、经济可持续发展指数。矿产资源密集型区域可持续发展持续指数(sustainable index)计算公式为

$$SI = \begin{cases} \dfrac{X_2 - X_1}{1.732 - X_1}, & X_2 > X_1 \\ \dfrac{X_2 - X_1}{X_1}, & X_2 < X_1 \\ 0, & X_2 = X_1 \end{cases} \tag{4-31}$$

SI 为持续指数,其取值范围为 [-1, 1]。当 0<SI≤1 时,说明矿产资源密集型区域是向着可持续性发展的。SI 与矿产资源密集型区域发展的可持续性是成正相关的。如果 SI 呈增长趋势,则说明区域的可持续性越来越强,进而说明矿产资源密集型区域目前的发展模式是合理的、科学的。如果继续保持这种

发展模式，则矿产资源密集型区域就可以实现动态的可持续。相反，如果 SI 呈减小趋势，则说明区域的可持续发展呈现出不可持续性，进而说明该矿产资源密集型区域目前的发展模式是不合理的和不科学的，相关管理部门应适当调整目前的发展模式，以此来改善矿产资源密集型区域可持续发展的窘态，从而实现可持续发展。

当 $-1<SI\leq 0$ 时，则说明矿产资源密集型区域可持续发展朝不可持续方向发展。如果 SI 呈减小趋势，说明矿产资源密集型区域的发展越来越偏离可持续轨道，相关管理部门应立即采取相应的措施，快速扭转现状，否则矿产资源密集型区域可持续发展将继续趋向衰落。

当 $SI=0$ 时，则说明区域的可持续发展处于临界值，矿产资源密集型区域可持续发展处于停滞状态。如不采取有效措施，矿产资源密集型区域的发展将变得不可持续。

4.5 矿产资源密集型区域可持续发展的预警

4.5.1 概述

1. 矿产资源密集型区域可持续发展的预警概念

预警（early-warning）的概念最先应用于军事领域，当时的含义主要是指借助雷达、卫星或飞机侦查等相应的手段，预先发现或判断分析出对方可能的进攻意图，并把其划分为不同的威胁等级及时报告给相应的主管部门，使之提前做好预防准备[186]。预警现在多指依据现有的规律对某个系统要素未来的发展情况进行预测，预报出可能出现的危险程度，向相应的责任主管部门发出紧急信号，以避免灾难在不知晓的情况下出现时发生重大损失[187]。近年来预警的概念被多个学科领域采用，比如气象学上的四级灾害预警、应对突发事件的应急预警，以及综合预警和专业预警等[188]。

本书中的矿产资源密集型区域可持续发展的预警是通过分析系统中各个指标值是处于有警情或无警情的状态，以及处于有警情时警情的严重程度来预测将来区域可持续发展的等级，根据发展等级采用相应的补救措施，来保证矿产资源密集型区域处于可持续发展状态的活动。

2. 矿产资源密集型区域可持续发展预警的内容

根据矿产资源密集型区域自身的特点，在预警系统中分为以下几个方面来研究。

（1）明确警义

警义指的是警情出现的意思，警情是指阻碍矿产资源密集型区域可持续发展的情况或不正常现象。而警情又包括两个方面的内容，分别是警素和警度，其中构成警情的指标称为警素，而警情的危害等级称为警度。只有明确了警义才能进行矿产资源密集型区域可持续发展预警分析。

（2）寻找警源

找到引起警情发生的根源就是寻找警源，只有找到不正常现象发生的根源才能从根本上排除警患。

（3）警兆识别

一般来说矿产资源密集型区域可持续发展中不正常现象发

生前会出现一定的征兆，这些征兆也能提供一类预警指标，分析这类预警指标对整个预警过程有很大的参考价值。不同的指标元素出现不正常现象前的征兆不同，即使相同的指标元素在不同时间空间条件刺激下可能出现的征兆也不同，因此在分析这些征兆前要不同问题不同对待。

(4) 预报警度

预报警度是根据研究对象的实际情况将预警系统设置一个合理的警限，来表明影响矿产资源密集型区域可持续发展指标是否已经出现妨碍可持续发展的情况及其妨碍的严重程度。在本书矿产资源密集型区域可持续发展研究中将警度分为无警、轻警、中警、重警和巨警五个等级，以便管理部门能够及时采取相应的管理手段和措施。

(5) 排除警患

进行预警研究的目的是通过对警患进行排查和预防，使矿产资源密集型区域能够可持续发展。

3. 矿产资源密集型区域可持续发展预警系统的功能

矿产资源密集型区域可持续发展预警系统主要有以下几个方面的功能：

(1) 预见功能

通过科学客观地分析矿产资源密集型区域可持续发展预警影响因素中某些重要指标并对这些指标进行科学预报，得出一些关键决定性指标不正常现象的变化，在一定程度上能够预见矿产资源密集型区域可持续发展出现问题的警兆。

(2) 监测评估功能

该功能是指根据矿产资源密集型区域可持续发展预警体系

4.5 矿产资源密集型区域可持续发展的预警

各指标动态结果，及时跟踪观测矿产资源密集型区域的可持续发展状况。一般而言，通过采用一定的模型和方法对监测到的矿产资源密集型区域可持续发展预警指标进行量化计算，可以非常有效地对矿产资源密集型区域可持续发展的总体状况和警情危险程度作出明确的评估。通常情况下，只需监测那些有决定性作用的指标便可以反映出矿产资源密集型区域可持续发展的基本状况，并不需要用到大量指标使之显得面面俱到。

（3）防范功能

影响矿产资源密集型区域可持续发展的因素有很多，没有特定的发展规律可循，只能监测现有的矿产资源密集型区域可持续发展状况，取得其对未来发展形势有利的信息，再预先报告矿产资源密集型区域可持续发展系统中出现的不正常现象，向有关指挥部门发布有用的警报信号，方便这些指挥决策部门制定出有效的预防方法，以减少由于对未来发展情况预估不明而造成的重大损失，确保矿产资源密集型区域处于一种可持续发展的状态。

此外，矿产资源密集型区域可持续发展预警还具有为区域建设规划和管理提供科学的依据和解决问题的方案的功能。

4. 矿产资源密集型区域可持续发展预警流程

矿产资源密集型区域可持续发展预警是一项极其复杂的过程。首先，在收集和整理矿产资源密集型区域可持续发展影响因素时间序列数据基础上，结合矿产资源密集型区域可持续发展预警研究的目标、分析原则和特征，筛选出合适的预警指标，建立矿产资源密集型区域可持续发展评价指标体系，进而对各指标进行预测，为矿产资源密集型区域可持续发展预警做数据准备；其次，建立警情评价模型对预警指标值分析得出矿产资源密集型区域可持续发展指标值的警情等级即警度并划分不同等级的警度；最后，根据等级不同对矿产资源密集型区域可持续发展的趋势进行安全警情分析、诊断及预报。矿产资源密集型区域可持续发展预警流程见图 4-3。

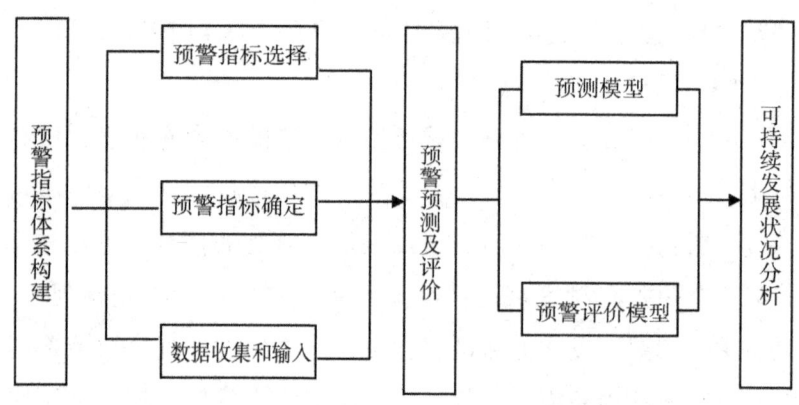

图 4-3　矿产资源密集型区域可持续发展预警流程

4.5.2　矿产资源密集型区域可持续发展的预警体系构建及警限确定

1. 预警指标体系的建立

矿产资源密集型区域可持续发展预警的重要步骤就是筛选预警指标、根据预警指标建立相应的指标体系。根据前文的研究，本书可持续发展预警指标体系仍采用矿产资源密集型区域可持续发展综合评价指标体系，详见第 4 章表 4-1。

2. 预警指标警限的确定

警限是指某项指标在有警情和无警情时的临界值。然而，由于区域可持续发展是动态多层次、多指标要素和多个功能的系统，并且有无警情的界限本身就很模糊很难界定，因此，确定矿产资源密集型区域可持续发展预警的警限，既要反映可持续发展受影响的范围和程度，又要具有一定的先进性和超前性，不同的指标所适用的科学研究方法不同就需要具体问题具体分析来确定指标的警限值。除此之外，指标的警限值也是一个随着条件的变化而动态发展变化的值，因此一个阶段的警限值只能作为一定阶段的参考值。

目前，普遍采用的警限确定办法有相对确定法和绝对确定法这两大类。

相对确定警限的方法是指用数学的处理方法处理指标值的原始数据，包括系统化方法和突变论方法等。结合研究的实际，学界通常采用系统化方法。下面将重点介绍系统化方法[189]。

系统化方法结合实际情况，在遵循一定规律原则的基础上对初始指标值数据进行数学定性分析，并得出符合实际的合理结论。系统化方法需要遵循的原则如下：

① 多数原则。近年来区域可持续发展引起了社会的广泛关注，也可以说之前的生态状况比较良好，影响可持续发展的预警指标基本上处于安全无警的状态，据此我们可以将初始指标值按照逆序也就是由小到大的顺序排列，选择总数值2/3的数据区间作为有警情和无警情的临界线，剩下1/3的数据是有警情区间，根据警情的严重程度分为轻警、中警、重警和巨警四个等级。

② 半数原则或中数原则。半数原则或中数原则同多数原则的概念类似，多数原则选择 1/3 的数据作为有警情的区间，而半数原则认为一半的数据为有警情区间，另一半属于安全无警情区间，也就是将指标的中间数值作为警情界限。

③ 均数原则。均数原则将以往的平均水平作为警情临界线，若预警指标低于这个平均水平则意味着可能有警情存在。

④ 少数原则。少数原则指的是以公认的区域可持续发展状况比较好的年份作为预警指标的无警情界限。

⑤ 众数原则。众数原则是以可持续发展良好的其他区域一定时期内的平均水平值为安全无警情临界值，如果所研究的区域达不到这个界限值，说明其可持续发展水平存在安全隐患有警情发生。

⑥ 负数原则。定义预警指标值为零和负增长的情况都是有警情的警限，以 5 个百分点为警限划分等级，也即轻警是 0~4.9，中警是 4.9~9.9，重警是 9.9~14.9，巨警是 14.9 以上。

绝对确定警限的方法是依据已有的法规标准来界定指标的警限，这些标准可以是国家和国际上规定的。也可以是某个特定行业和地方规定的。本书依据的标准规范如下：

① 按照国际、国内有关标准规范。某些生态建设指标已有相应的权威部门来发布，比如恩格尔系数可以采用国家统计局发布的《全国全面建设小康社会统计监测方案》的标准规定的目标值 40% 作为平顶山市恩格尔系数的安全无警的上限值，以平顶山地区的恩格尔系数原始数据的最好值和最差值所包含的区间的 2/3 作为巨警的下限值，其余数据的等级值可按等距划分。

② 科学研究已判定的生态效应。本书中储采率指标警限的

确定方法采用的是经过当地研究认定可以确保可持续发展的数值，这种方法就是科学研究已判定的生态可持续发展数值。这种警限确定方法中掺杂的主观因素比较多，比如研究学者自身的理论知识水平、经验和对数据资料的熟悉程度等都影响到该确定方法的精准程度，这就需要经过不停的修正和反馈，使警限值处于一个合理可信的水平。

矿产资源密集型区域可持续发展预警系统中指标繁多、数据量大，某些指标的警限临界值不存在绝对的参考值，然而这些指标又对区域可持续发展预警具有实质性的意义。本书中对这些指标警限的确定采用的是专家研究的方法。

4.5.3 矿产资源密集型区域可持续发展的警情预测

预测是指对事物或事件未来的情况进行分析和估计，分析和估计的依据是采用科学的理论和方法分析现有所掌握的数据资料。进行预测的目的是采取相应措施以减少事件在将来发生的不确定性，更有利于指引事件未来的发展方向。以社会、经济、环境和生态等子系统的现有数据为依据，建立以这些特征数据为基础的数学模型的过程即是灰色系统理论建模的过程，建立数学模型即可分析各个因素之间的数学逻辑关系，从中可分析出整个系统未来的发展方向和趋势。我国学者邓聚龙先生在1982年一篇论文《灰色控制系统》中首先提出灰色预测的方法。灰色预测以灰色系统理论的动态预测数学模型为基础，经过几十年的发展应用与验证，国内外很多学者专家普遍认为灰色预测是一种比较客观的预测方法，该预测方法在多个学科领域都有着比较广泛的应用。

1. 基本原理

灰色预测法是在对现有数据资料分析的基础上，通过建立相应的灰色系统模型，分析出事件的发展规律，是一种对事件未来情况进行科学定量预测的方法。其具体操作步骤如下：

① 灰色理论定义了部分信息明确而部分信息不明确的随机变量为灰色量，这些灰色量相应时间内在一定范围内变化的随机过程叫做灰色过程；

② 由于灰色量的不确定性，需要运用灰色理论将原有的散乱数据变成比较有逻辑规律可循的数据，根据这些有规律的数据进行数学建模；

③ 灰色理论还可以通过对建立的灰色数学模型进行修正，以此来提高预测方法的准确度；

④ 用灰色理论所计算出的预测数据必须经过逆计算过程也叫逆生长过程推算后才能使用。

微分方程描述的动态模型、拉普拉斯变换的线型定常系数模型和时间函数形式的响应模型经常被用于灰色预测方法中数学模型的建立。设描述灰色系统的预测模型 $GM(n, h)$ 是一个 n 阶、具有 h 个变量的数学模型，不同的阶数 n 和变量个数 h 所代表的含义都不相同，当阶数 $n=1$ 时的模型 $GM(1, h)$ 称为状态模型，当变量个数 $h=1$ 时的模型 $GM(n, 1)$ 称为预测模型，当阶数 $n=0$ 时的模型 $GM(0, h)$ 称为静态模型。状态模型主要依据参考因子数据的预测来完成主因子数据的预测，静态模型只考虑主因素和单个子因素之间的关系，而预测模型的变量个数等于1，阶数为 n 的 n 阶导数的数学模型，一般在实际应用当中预测模型的阶数要小于3，因为阶数越高相应的计算量就越大，计算结果的准确度也不高,在实际应用中我们取一阶导数,即预测模型为 GM(1,1)。因为模型阶数为1,GM(1,1)模型不能很好地表征系统的动态过程。因此需要计算多次残差来修订 GM(1,1)模型,修订过的 GM(1,1)模型就能较好地表征灰色系统的行为过程。近年来 GM(1,1)模型广泛地应用于生态、经济、社会等领域[190]。

2. GM(1,1)预测模型[191]-[192]

GM(1,1)模型可以对事件在未来特定时间内的变化情况和发展趋势进行估计,这些变化如果是异常情况就可以提前采取补救措施,因此该模型在工业、农业、生态、社会等领域中都有应用意义。

GM(1,1)模型可以削弱原有序列 $x^{(0)}$ 的不确定性,使模型能够提供更加有用的信息。为了弱化原数据序列的不确定性,需要在建立数学模型之前对原数据进行分析。常用的方法是采用累加的方法,即 1-AGO(Accumulating Generation Operator),具体步骤如下[193]:

对 GM(1,1)灰微分方程

$$x^{(0)}(k) + az^{(1)}(k) = b \quad (k = 1, 2, \cdots, n) \quad (4-32)$$

设有一原始数据序列 $X^{(0)}$:

$$X^{(0)} = (x^{(0)}(1), x^{(0)}(2), \cdots, x^{(0)}(n)) \quad (4-33)$$

做一次累加生成(1-AGO)即可得到数列 $X^{(1)}$:

$$X^{(1)} = (x^{(1)}(1), x^{(1)}(2), \cdots, x^{(1)}(n)) = (x^{(0)}(1), x^{(0)}(1) + x^{(0)}(2), \cdots, \sum_{m=1}^{n} x^{(0)}(m)) \quad (4-34)$$

$z^{(1)}$ 为 $x^{(1)}$ 的邻均值等权生成序列,即 $z^{(1)}(k) = \frac{1}{2}(x^{(1)}(k) + x^{(1)}(k-1))$。

于是对 $X^{(1)}$ 可以建立下述白化形式的微分方程(也称影子方程)为

$$\frac{dX^{(1)}}{dt} + aX^{(1)} = b \tag{4-35}$$

参数 $\hat{a} = \begin{bmatrix} a \\ b \end{bmatrix}$，其中 a 称为发展灰数，b 称为内生控制灰数，a 的有效区间是 $(-2, 2)$。应用最小二乘法求解可得

$$\hat{a} = (a, b)^T = (B^T B)^{-1} B^T Y_n \tag{4-36}$$

其中

$$B = \begin{bmatrix} -\frac{1}{2}(x^{(1)}(1) + x^{(1)}(2)), & 1 \\ -\frac{1}{2}(x^{(1)}(2) + x^{(1)}(3)), & 1 \\ \vdots & \vdots \\ -\frac{1}{2}(x^{(1)}(n-1) + x^{(1)}(n)), & 1 \end{bmatrix} \tag{4-37}$$

$$Y_n = \left(x^{(0)}(2), x^{(0)}(3), \cdots, x^{(0)}(n)\right)^T \tag{4-38}$$

求得方程的解为

$$\hat{x}^{(1)}(k+1) = \left(x^{(0)}(1) - \frac{b}{a}\right)e^{-ak} + \frac{b}{a} \tag{4-39}$$

对微分方程的解作一次累减生成，即得还原序列 $\hat{x}^{(0)}$：

$$\hat{x}^{(0)}(k+1) = \hat{x}^{(1)}(k+1) - \hat{x}^{(1)}(k) \tag{4-40}$$

如前所述，GM(1, 1)预测模型不能很好地描述系统的动态发展过程，为了提高预测结果的精度和可靠度，需要计算多次残差来修正预测模型，其方法如下：

若按 GM(1, 1) 模型计算值序列 $\hat{x}^{(1)}$ 还原为灰色系统特征行为数列 $\hat{x}^{(0)}$ 后，计算其与原始数列 $x^{(0)}$ 的残差：

$$\xi(t) = x^{(0)}(t) - \hat{x}^{(0)}(t), \quad t = 1, 2, \cdots, T \tag{4-41}$$

并分别计算原始数列和残差序列的方差 S_0^2 和 S_ξ^2，利用后验差值和小误差概率进行。

GM(1,1)模型精度评价如下：

$$S_0^2 = \frac{1}{T}\sum_{t=1}^{T}\left[x^{(0)}(t) - \bar{x}^{(0)}\right]^2 \qquad (4-42)$$

$$S_\xi^2 = \frac{1}{T}\sum_{t=1}^{T}\left[\xi(t) - \bar{\xi}\right]^2 \qquad (4-43)$$

式中，$\bar{x}^{(0)} = \frac{1}{T}\sum_{t=1}^{T}x^{(0)}(t)$，$\bar{\xi} = \frac{1}{T}\sum_{t=1}^{T}\xi(t)$

设后验差比值检验系数 C 和小误差检验值 p 为

$$C = \frac{S_\xi}{S_0} \qquad (4-44)$$

其中，$p = P\{|\xi(t) - \bar{\xi}| < 0.6745S_0\} =$ 满足 $|\xi(t) - \bar{\xi}| < 0.6745S_0$ 的基本事件 $/T$。

C 越小预测结果越好，一般应用中要求 C 小于 0.35。另一个指标是小误差概率要大，所谓小误差是指绝对偏差 $|\xi(t) - \bar{\xi}| < 0.6745S_0$，或者说，相对偏差 $|\xi(t) - \bar{\xi}|/S_0 < 0.6745$。一般要求 $p > 0.95$，不得小于 0.7。

依据检验系数 C 和检验值 p 可以评定预测模型的精度。一般地，我们将预测模型 GM(1,1)的预测精度分为如表 4-4 所示等级分类表。

表 4-4　　　　　　　　预测精度等级分类表

精度检验指标	精度等级			
	1级(好)	2级(合格)	3级(勉强)	4级(不合格)
均方差比值(C)	$C \leq 0.35$	$0.35 < C \leq 0.5$	$0.5 < C \leq 0.65$	$0.65 < C$
小误差概率(p)	$0.95 \leq p$	$0.8 \leq p < 0.95$	$0.7 \leq p < 0.8$	$p < 0.7$

至此，我们完成了灰色系统数学模型的建立以及当模型预测结果精度不符合要求时根据多次计算残差修订预测模型的方法。

4.5.4 矿产资源密集型区域可持续发展警情评价模型的确立

1. 惩罚型变权模型的建立

由于上述各个指标对可持续发展警情的影响各不相同，因而在对可持续发展警情评价时，各个指标要素对警情发展影响的不同重要性用"权系数"来代表。由此看来，在可持续发展警情评价系统中，各个指标权值的计算是很重要的。区域可持续发展的过程是一个动态变化的过程[194]，不能用静止不变的常权系数来评价区域可持续发展警情。而在可持续发展警情评价时我们采用惩罚型变权的方法来弥补常权系数不能准确反映动态变化过程的不足，能为决策者对潜在的警情提供更有价值的参考信息。

据上所述，惩罚型变权模型的计算步骤如下：

（1）标准化

因为系统中各个指标之间的数量级、量纲都不尽相同，因此在进行可持续发展警情评价之前需要对各个项指标进行标准化处理。根据上述无量纲化方法，本书采用上文所述的功效系数法①，如下所示：

---

① 在最优区间和最劣区间标准化后的指标仅代表相应区间内的发展趋势，并不能界定绝对的最优和最劣标准值。

4.5 矿产资源密集型区域可持续发展的预警

对于正向指标采用下列函数进行标准化：

$$x_j^* = \begin{cases} 1 - \dfrac{M_j}{x_j} \times 0.15, & x_j \geq M_j \\ \dfrac{x_j}{M_j} \times 0.85, & 0 < x_j < M_j \end{cases} \quad (4\text{-}45)$$

对于负向指示，即越小越优型指标，采取下面的函数进行标准化：

$$x_j^* = \begin{cases} 1 - \dfrac{x_j}{M_j} \times 0.15, & 0 < x_j < M_j \\ \dfrac{M_j}{x_j} \times 0.85, & x_j \geq M_j \end{cases} \quad (4\text{-}46)$$

式(4-46)中，x_j 为指标的实际值，x_j^* 为标准化值，M_j 为预警指标实际值有警与无警的临界线(否定水平)。

(2) 基础权权重的确定

具体参见本章的综合集成赋权法确定权重系数。

(3) 惩罚型变权的确定

惩罚型变权是指在对可持续发展警情的动态评价过程中，改变那些低于一定评判标准的指标因素的权系数来降低综合评价中的指标值，以达到惩罚低于标准的指标值的方法。其原理如下[195]-[196]：

变权向量 $W(X) = (w_1(X), w_2(X), \cdots, w_n(X))$ 可表示为因素常权向量 W 和状态变权向量 $S(X)$ 的归一化的 Hadamard 乘积；状态变权向量 $S(X)$ 是均衡函数的梯度向量。

定义 1 称 $W_0 = (w_1, w_2, \cdots, w_n)$ 为常权向量，满足归一性，即 $\sum_{i=1}^{n} w_i = 1$。

定义 2 给定 m 个映射 $w_1 : [0, 1]^n \to (0, 1)$，$X = (x_1,$

x_2, $\cdots$, x_n) $\to w_j(X)$,称向量 $W(X) = (w_1(X), w_2(X), \cdots, w_m(X))$ 为一个 m 维状态变权向量,若满足以下条件:

Ⅰ.归一性: $\sum_{j=1}^{m} w_j(x_1, x_2, \cdots, x_n) = 1$;

Ⅱ.连续性: $w_j(x_1, x_2, \cdots, x_n)(j = 1, 2, \cdots, m)$ 关于每个变元 $x_j(j = 1, 2, \cdots, n)$ 连续;

Ⅲ. $w_j(x_1, x_2, \cdots, x_n)$ 关于变元 x_j 单调递减;

如果 $W(X)$ 满足上述Ⅰ、Ⅱ、Ⅲ条件,则称 $W(X)$ 为惩罚型变权向量。

定义 3 给定映射 s_j: $[0, 1]^m \to (0, 1)$,$X = (x_1, x_2, \cdots, x_n) \to S(X)$,称向量 $S(X) = (s_1(X), s_2(X), \cdots, s_m(X))$ 为一个 m 维状态变权向量,若满足以下条件:

Ⅰ. $x_i \geq x_j \to s_i(X) \leq s_j(X)$

Ⅱ. $s_j(x_1, x_2, \cdots, x_n)$ 对每个变元 $x_i(i = 1, 2, \cdots, n)$ 连续;

Ⅲ.对任何常权向量 $W_0 = (w_1, w_2, \cdots, w_m)$,下式满足定义 2 中的Ⅰ、Ⅱ、Ⅲ条件,则称 $S(X)$ 为惩罚型状态变权向量。

$$W_0(X) = \frac{(w_1 s_1(X), w_2 s_2(X), \cdots, w_m s_m(X))}{\sum_{j=1}^{m} w_j s_j(X)} = \frac{W_0 s(X)}{\sum_{j=1}^{m} w_j s_j(X)}$$

(4-47)

根据区域可持续发展的警情评价的特点及**定义 2**,借鉴已有的研究[138]-[139],将惩罚型状态变权向量构造如下:

$$s_j(X) = \begin{cases} e^{-a(x_j^* - \beta)}, & x_j^* \leq \beta \\ 1, & x_j^* > \beta \end{cases} \quad (4\text{-}48)$$

式(4-48)中,β 为预警指标标准化后有警与无警的临界线,一般称为否定水平,借鉴文俊(2006)可持续发展预警思想[197],将预警指标标准化后有警与无警之间临界线设为 0.85；当 $0 \leqslant x_j^*$ $\leqslant \beta$ 时，x_j^* 对应的权重增大，而 x_j^* 值小，因而加权和小，达到对 j 个因素惩罚的目的。当 $\beta < x_j^* \leqslant 1$ 时，对第 j 个指标主观不进行惩罚。α 称为惩罚因子（通过专家经验法确定 α 为 0.81547）[195]，其取值越大，表明这些低于否定水平的因素受到的惩罚越重，其对警情评价结果的负面影响越大。

(4) 警情评价模型

通过采用一定的数学模型来合成整体警情综合评价模型。以静态权重为基础的警情评价模型如下：

$$I = \sum_{j=1}^{m} w_j x_j^* \qquad (4\text{-}49)$$

在式(4-49)中引入惩罚型变权修正得到变权警情评价模型如下：

$$I = \sum_{j=1}^{m} w_j(X) x_j^* \qquad (4\text{-}50)$$

其中，$w_j(X) = \dfrac{w_j s(X)}{\sum\limits_{j=1}^{m} w_j s(X)}$ 为综合评价分值；$X = (x_1, x_2, \cdots, x_n)$ 为预警指标标准化后的向量，w_j 为熵值计算的基础权。$W(X) = (w_1(X), w_2(X), \cdots, w_m(X))$ 为变权向量（$0 < w_j(X) \leqslant 1$, $j = 1, 2, \cdots, m$），$\sum\limits_{j=1}^{m} w_j(X) = 1$；$S(X) = (s_1(X), s_2(X), \cdots, s_m(X))$ 为惩罚型状态变权向量。

2. 警情等级划分

一般将预警划分为无警、轻警、中警、重警、巨警五个区域。参照左伟等人提出的指标的标准化指数值与综合指数值转换为等级值的方法[198]，可以最终确定区域可持续发展的警情等级。基于此，本书对区域可持续发展综合评价集（表4-5），拟从5个级别来评判矿产资源密集型区域的可持续程度，其取值区间为[0，1]，所得综合评价值为评判可持续发展综合评价指数，其值越靠近1，说明越可持续，越接近0，则说明越不可持续。

表4-5　　　矿产资源密集型区域可持续发展警情等级

警级	警情指数	警级含义
无警	$0.85 \leqslant I < 1$	矿产资源密集型区域处于可持续发展状态：区域的自然生态环境、社会和经济处于协调发展的状态，区域生态环境受到一定人类社会和经济活动干扰较小，区域生态环境基本未受到破坏，服务功能良好。
轻警	$0.65 \leqslant I < 0.85$	矿产资源密集型区域向可持续方向发展：自然生态环境、社会、经济中的某一子系统受到了破坏，但各子系统可以利用其自我恢复功能进行弥补，较少受到破坏，服务功能较好，生态问题不显著。
中警	$0.45 \leqslant I < 0.65$	矿产资源密集型区域可持续发展呈现不稳定趋势：区域的自然生态环境、社会、经济中一个或多个子系统不断恶化，区域生态环境受到一定人类社会和经济活动干扰加剧，受干扰后不易恢复，生态问题显现。
重警	$0.25 \leqslant I < 0.45$	矿产资源密集型区域可持续发展已经趋于不稳定：区域的自然生态环境、社会、经济中一个或多个子系统恶化加剧，区域生态环境受到一定人类社会和经济活动干扰较大，受干扰后恢复困难，生态问题较大。
巨警	$0 \leqslant I < 0.25$	矿产资源密集型区域可持续发展波动较大：区域的自然生态环境、社会、经济中一个或多个子系统严重恶化，人类社会和经济活动严重破坏了生态环境且破坏后重建很难，生态问题严重。

4.6 本章小结

本章首先介绍了基于生态创新的矿产资源密集型区域可持续发展体系的构建目标和构建原则，介绍了评价指标的初选方法和专家经验法、两两比较法、主成分分析法三种筛选方法。在此基础上确立了评价指标体系，并对指标体系的内容和指标的意义做了介绍。针对学界对矿产资源密集型区域的可持续发展评价时单独采用主观赋权或客观赋权方法的缺陷，本书采用主观赋权和客观赋权相结合的综合赋权模型确定评价指标的权重，综合运用线性加权和非线性加权等方法，构建了基于生态创新的矿产资源密集型区域可持续发展综合评价模型。

为了更好地掌握矿产资源密集型区域可持续发展的动态情况，考虑到静态权重难以体现区域可持续发展的预警动态性要求的缺陷，本书在前文评价体系建立的基础上，采用惩罚型变权方法，构建了矿产资源密集型区域可持续发展的警情评价模型。

第5章 基于生态创新的矿产资源密集型区域可持续发展评价的案例

目前,基于生态创新的矿产资源密集型区域可持续发展实证研究文献和成果较少,难以找到针对性的实证分析。根据前文对矿产资源密集型区域的界定,当采矿业总产值占区域工业总产值的比重在10%以上且矿业从业人员占区域全部工业就业人员的比重在15%以上时,该区域就为矿产资源密集型区域。通过对平顶山市2005年至2012年的采矿业总产值、工业总产值进行计算,研究期间采矿业总产值始终占区域工业总产值的比重为20%以上;对其2005年至2012年的矿业从业人员、工业就业人员进行了计算,其矿业从业人员占区域全部工业就业人员的比重超过45%,由此可以看出,在研究期内平顶山市为典型的矿产资源密集型区域,可以作为实证研究对象,对其生态创新视角下的可持续发展能力进行评价和分析。

5.1 研究区域概况

5.1.1 平顶山市的区域概况

平顶山市地处豫西山地与黄淮平原接壤地带,是河南省中部的一个地级市，与南阳、驻马店、许昌、洛阳交界，东西长150km，南北宽140km，土地总面积789 276 hm²，境内有2个山系和4条支干河流，山地、丘陵、平原地貌类型齐全。辖4县4区和2个县级市（见图5-1），辖区内矿产资源丰富，尤其是煤炭资源，因此也被称为全国第2大煤城①。

图5-1 平顶山行政区划图

平顶山市是因煤而立的工业城市，煤炭一直是其主要经济来源。区域内含煤面积1 374km²，总储量86亿t。为解决重工业飞速发展、轻工业以及服务业发展严重滞后的问题，平顶山市制定了"以能源工业为主体，煤、电、钢、轻、化、纺协调发展"的发展策略。随之，平顶山市有目的地新建或改建了如帘子布场、化纤厂、啤酒厂等一批企业，使轻化、纺织、食品等工业得到了较快发展，一定程度上缓解了轻重失调的现象。

---

① 资料来源：http://www.pds.gov.cn/

但资源型产业在产业结构中仍占绝对优势,替代产业的发展效果并不明显,平顶山市对煤炭资源的依赖性仍然较强,这对平顶山市的可持续发展是极为不利的。

5.1.2 平顶山市经济发展现状分析

近年来,平顶山市坚持以科学发展观统领经济发展全局,紧紧抓住国家促进中部地区崛起和建设中原经济区的战略机遇,积极发展相关产业,使全市经济在较高增长平台上保持了又好又快的发展态势。2005年至2012年地区生产总值由557.985 9亿元上升到1 495.796 3亿元,财政收入由31.6亿元增加到148.4亿元,固定资产投资额由190.4亿元提高到1 034.8亿元,经济运行质量和效益不断提高,如图5-2所示。

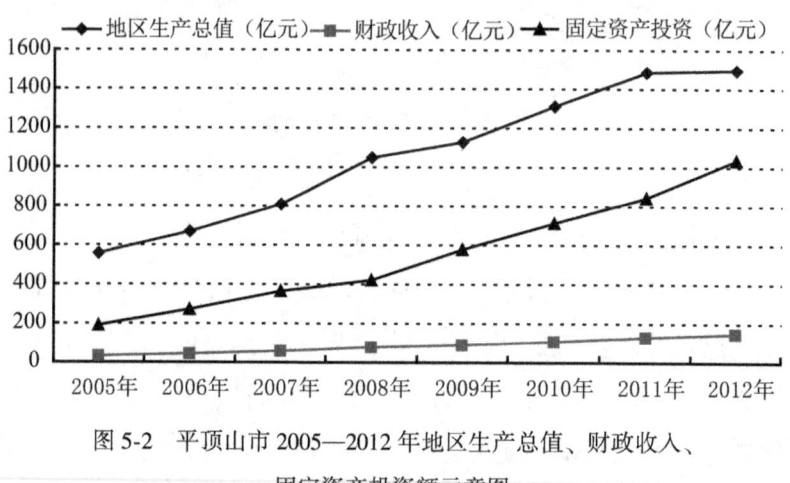

图5-2 平顶山市2005—2012年地区生产总值、财政收入、固定资产投资额示意图

2005年至2012年,平顶山市根据发展"新型工业化"的战略,通过对产业结构的优化、调整,一、二、三产业的比率

由 2005 年的 12.0∶60.4∶27.6 调整为 2012 年的 9.7∶62.2∶28.1，二、三产业比重有所加大，如图 5-3 所示。

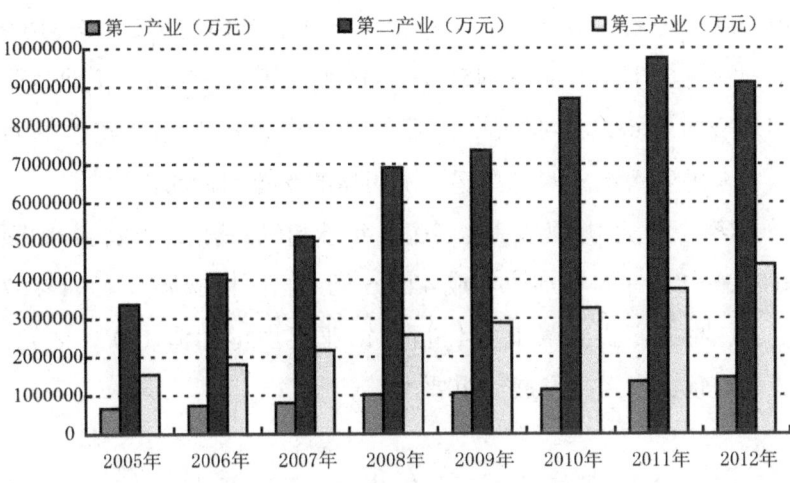

图 5-3　平顶山市 2005—2012 年三次产业总值示意图

平顶山市现有耕地面积 31.289 万 hm^2，小麦、玉米为两大种植作物，面积占总播种面积的 75.96%。2012 年农林牧渔业总产值达 260.3 亿元，其中农林牧渔服务业总产值 4.4 亿元。2012 年粮食总产量 202.9 万吨，肉类总产量 39.0 万吨。2012 年新发展经济林 1 722 公顷，林业拓宽了农民增收、城乡就业、财政增税的途径，林业的社会作用增强①。

围绕"建设大城市、发展大工业"目标，平顶山市通过加快调整工业结构，促进工业经济转型升级等策略，关、停落后产能，在传统矿产资源产业引进和利用先进科学技术延伸产业链条，加大新兴产业的发展力度，并建设部分产业集聚区，促

---

①　2012 年平顶山市国民经济和社会发展的统计公报：http：//www.ha.stats.gov.cn/hntj/tjfw/tjgb/sxsgb/webinfo/2013/04/1365320409184238.htm

进了该市工业发展的增长态势。平顶山市统计局提供的数据显示，2005年，平顶山市全年全部工业总产值完成915.984 6亿元，完成工业增加值316.2亿元，其中限额以上工业企业增加值200.1亿元。2012年，全年全部工业总产值完成2 834.516 9亿元，完成工业增加值845.531 4亿元，其中规模以上工业企业实现增加值682.53亿元。工业发展为全市经济综合实力的增强、人民生活水平的提高起到了明显的支撑和带动作用。

第三产业快速发展，2012年全市服务业完成投资额377.096 8亿元，增加值完成422.6亿元，国内旅游收入118.67亿元，批发零售贸易业和住宿餐饮业实现增加值140.3亿元，成为平顶山市经济发展的重要力量。

5.1.3 平顶山市社会发展现状分析

截至2012年，平顶山市城镇居民人均可支配收入20 610元，人均消费性支出14 917元；农民人均纯收入7 518元。居民消费结构升级，形成了诸如住房、通信、汽车之类的消费热点。平顶山共有534.66万人口，全市共有47万名职工参加了失业保险统筹，128.2万人参加了基本医疗保险，233万人参加了城乡居民养老保险。有社会福利收养单位129个，床位数10 358张，收养人数9 525人。全年国家抚恤、补助各类优抚对象总人数3.4万人。享受城镇居民低保人数7.8万人，保障总额17 685万元，农村最低生活保障人数18.1万人，保障总额22 329万元[①]。

---

① 2012年平顶山市国民经济和社会发展的统计公报：http://www.ha.stats.gov.cn/hntj/tjfw/tjgb/sxsgb/webinfo/2013/04/1365320409184238.htm

人居环境明显改善。城镇文明社区、农村文明生态村建设扎实推进，城乡居民生产生活条件明显改善，建成了由环城林带、主次干道绿化和城市广场、小区绿地组成的完善的城市绿化系统，绿化覆盖率在全省城市排名靠前。人民的精神生活更加充实，健康水平进一步提高。城区现有水、电、路、气、热等基础设施和公共事业综合服务能力显著提高。目前，平顶山市建成区自来水覆盖率100%，城区供热能力860吨/小时，供热普及率30%以上。居民小区供气覆盖率达90%，供电可靠性达99%以上。

实施"科技兴市"战略，增强科技创新能力。2012年全市科研投入占GDP的3.26%，全市拥有各类专业技术人员14.5万人，全年共申请专利1 890项，科技创新能力逐步增强。

加大教育投入力度，稳步发展教育事业。全市目前有各级各类学校总计2 767所，涵盖了从幼儿教育到高中阶段教育的各个层面。

全面发展卫生事业，完善医疗保障体系。目前全市共有诊所、医务室、社区卫生服务站等医疗卫生服务机构1 007个，卫生技术人员4 014人，村卫生室2 979个。全市的医疗设施配套完善，多种大型、高科技医疗器械都已投入使用，建立了较为完善的公共医疗服务体系。

5.1.4 平顶山市资源环境现状分析

1. 主要矿产资源

平顶山市地上地下资源丰富。已查明各类矿产57种。截至

2011年,已发现有煤、盐、铁、铝、石膏、耐火粘土、石灰岩等57种矿藏,尤其煤、盐、铁储量较大。平顶山拥有华东和中南地区最大的煤田,保有储量80多亿吨,占河南省总储量的51%;盐储量2 300亿吨,可采储量10.8亿吨,是我国第二大井盐产地;铁矿石储量的6.6亿吨,占河南省总储量的60.5%,是全国十大铁矿之一。

2. 环境质量

① 大气环境质量:平顶山市大气污染源主要是工业污染源、生活污染源和交通污染源,2012年空气质量级别为良,达标天数为327天,达标率为89.6%。

② 水环境质量:2012年的统计数据显示,地表水和地下水环境现状监测显示均未出现超标现象,地下水达到《生活饮用水卫生标准》,地下水环境质量良好。

③ 固体废弃物处置:平顶山市所产生的固体废弃物主要是生活垃圾、建筑垃圾、工业固体废弃物和农业固体废弃物等。据统计数据显示,2012年全市一般工业固体废弃物产生量为1 978.88万吨,一般工业固体废弃物综合利用量为1 767.12万吨,一般工业固体废弃物处置量1.185万吨。

长期以来,平顶山市一直重视生态环境保护工作,积极进行绿化造林和水土保持,加大区域内的生态农业建设力度,加强污染治理能力。虽然取得了一定的成效,但平顶山市的生态环境形势仍相当严峻,市区大气污染依然严重,已经取得的工业污染治理成果还比较脆弱,区域内的环境质量持续改善,直接决定着平顶山市自然生态环境的可持续发展。

5.2　平顶山市可持续发展状况评价过程

5.2.1　数据收集

为了从发展的角度对平顶山市可持续发展水平做出评价，需要找出各指标的原始数据。本书相关数据主要来源：《平顶山市国民经济和社会发展的统计公报（2005—2012）》、《平顶山统计年鉴（2006—2013）》、《平顶山矿产资源规划（2008—2015）》、《平顶山林业生态建设规划（2008—2012）》、《平顶山环境保护局工作总结（2006—2012）》、《平顶山森林资源规划设计调查报告》、《平顶山国民经济和社会发展第十二个五年规划纲要》、《平顶山"十二五"环境保护规划》等。本章涉及的相关数据图表中，有些数据是直接摘录，有些是根据以上资料计算获得，本书将不再特别注释数据来源。

本书选择2005—2012年的统计数据作为评价平顶山市可持续发展的原始数据，根据第四章平顶山市综合评价指标体系的选取办法，通过对各项具体指标的收集整理，得到数据如表5-1所示。

5.2.2　指标无量纲化处理

由于上述指标体系中，有的指标属于正向指标，有的属于逆向指标，有的属于适度指标。为此，本书运用第4章的公式（4-12）、公式（4-13）和公式（4-14），即可得出平顶山市可持续发展评价指标的标准化值，如表5-2所示。

表 5-1　平顶山市可持续发展指标原始数据值

	指标	2005	2006	2007	2008	2009	2010	2011	2012
自然生态环境子系统 (U_1)	矿产资源禀赋系数	2.08	2.16	3.02	2.70	3.71	3.25	4.14	4.20
	矿产资源储采比,%	52.44	51.35	62.58	52.18	67.78	56.31	64.08	79.04
	饮用水源地水质达标率,%	100%	100%	100%	100%	100%	100%	100%	100%
	区域环境噪声/dB(A)	52.10	53.60	53.00	53.90	53.6	54.2	53.47	53.4
	绿化覆盖率,%	27.40	25.05	34.00	36.03	37.49	38.08	38.32	39.4
	空气质量指数	0.61	0.72	0.86	0.91	0.91	0.88	0.89	0.89
	生活污水集中处理率,%	71.56	92.69	79.69	80.60	93.62	95.84	92.97	93
	工业固体废弃物综合利用率,%	65.98	67.8	72.8	73.00	76.46	80.86	81.31	82
	生活垃圾无害化处理率,%	100	92.51	85.02	85.56	85.18	87.22	90.77	91
	生态服务功能价值/万元	704 711.95	684 915.442	813 204.346	934 003.262	967 738.441	112 999.421	1 243 946.79	1 390 300.48
社会生态环境子系统 (U_2)	人口密度/(人·km^{-2})	624.93	628.16	631.61	634.91	638.14	669.60	674.03	677.84
	人口自然增长率,‰	5.12	5.16	5.68	5.22	5.09	6.67	5.86	5.32
	每千人拥有卫生机构病床数/张	2.76	2.92	3.02	3.45	3.68	4.06	4.28	4.54
	人均城市道路面积/m^2	4.34	5.10	7.65	9.28	9.43	9.54	9.54	11.24
	移动电话年末用户数/万	105.13	136.39	160.97	191.28	216.17	229.88	265.67	294.10

5.2 平顶山市可持续发展状况评价过程

续表

	指标	2005	2006	2007	2008	2009	2010	2011	2012
社会子系统 (U_2)	城镇恩格尔系数,%	36.30	34.60	34.50	34.40	31.90	32.10	32.40	31.50
	农村恩格尔系数,%	44.10	43.50	42.30	41.20	40.80	40.20	38.30	36.80
生态环境子系统	人均保险费用/元	274.34	273.95	295.66	544.44	576.10	782.06	806.37	731.13
	城镇登记失业率,%	3.6	3.8	3.50	3.03	3.4	3.23	3.30	3.0
	每百人公共图书馆藏书/(册,件)	11.74	11.88	10.64	12.20	15.08	15.34	15.74	18.26
	每万人大学生数/人	70.50	117.10	123.20	131.91	151.80	152.25	151.90	122.20
	科研机构 R&D 人员数	5 823.00	5 402.00	6 355.00	7 223.00	8 352.00	6 811.50	5 271.00	5 692.00
	社会发展指数	0.75	0.76	0.77	0.78	0.79	0.69	0.69	0.71
经济生态环境子系统 (U_3)	区域经济总量/万元	5 579 858.6	6 686 050.2	8 091 683.9	10 483 250.5	11 278 100.0	13 108 394.0	14 846 148.0	14 958 000.0
	资源型产业占工业总产值比重,%	0.79	0.76	0.76	0.77	0.74	0.79	0.77	0.78
	产业结构系数	0.999 8	0.999 6	0.999 2	0.999 2	0.999 0	0.998 7	0.999 0	0.999 0
	资源产出率/(亿元/万吨)	0.52	0.58	0.64	0.78	0.81	0.88	0.87	0.91
	单位 GDP 能耗降低率,%	3.12	3.89	4.10	5.85	6.23	3.37	3.13	9.80
	科研投入占 GDP 比例,%	0.28%	0.77%	1.14%	2.09%	1.84%	2.20%	2.44%	3.26%
	有效发明专利数	8.00	26.00	29.00	19.00	43.00	57.00	96.00	243.00
	区域的全要素生产率	0.21	0.17	0.10	0.10	0.07	0.15	0.10	0.15
	技术改造投入/万元	77 999.80	463 600.50	684 206.10	245 499.10	316 551.20	264 799.60	213 048.00	173 912.00
	购买国内技术经费/万元	1 512.30	2 359.60	1 741.50	545.70	1 539.78	1 957.50	2 872.00	1 043.00
	技术引进投入/万元	268.10	294.70	368.00	230.00	244.50	250.00	255.00	245.00

表 5-2　平顶山市可持续发展指标标准化数据值

	指标	2005	2006	2007	2008	2009	2010	2011	2012
自然生态环境子系统 (U_1)	矿产资源禀赋系数	0.494	0.514	0.718	0.642	0.884	0.775	0.985	1.000
	矿产资源储采比	0.664	0.650	0.792	0.660	0.858	0.712	0.811	1.000
	饮用水源地水质达标率	1.000	1.000	1.000	1.000	1.000	1.000	1.000	1.000
	区域环境噪声	1.000	0.972	0.983	0.967	0.972	0.961	0.974	0.976
	绿化覆盖率	0.695	0.636	0.863	0.914	0.952	0.966	0.973	1.000
	空气质量指数	0.673	0.783	0.940	1.000	0.997	0.961	0.969	0.978
	生活污水集中处理率	0.747	0.967	0.831	0.841	0.977	1.000	0.970	0.970
	工业固体废弃物综合利用率	0.805	0.827	0.888	0.890	0.932	0.986	0.992	1.000
	生活垃圾无害化处理率	1.000	0.925	0.850	0.856	0.852	0.872	0.908	0.910
	生态服务功能价值	0.507	0.493	0.585	0.672	0.696	0.081	0.895	1.000
社会生态环境子系统 (U_2)	人口密度	1.000	0.995	0.989	0.984	0.979	0.933	0.927	0.922
	人口自然增长率	0.994	0.986	0.896	0.975	1.000	0.763	0.869	0.957
	每千人拥有卫生机构病床数	0.608	0.643	0.665	0.760	0.811	0.894	0.943	1.000
	人均城市道路面积	0.386	0.454	0.681	0.826	0.839	0.849	0.849	1.000
	移动电话年末用户数	0.357	0.464	0.547	0.650	0.735	0.782	0.903	1.000

续表

	指标	2005	2006	2007	2008	2009	2010	2011	2012
社会生态环境子系统 (U_2)	城镇恩格尔系数	0.868	0.910	0.913	0.916	0.987	0.981	0.972	1.000
	农村恩格尔系数	0.834	0.846	0.870	0.893	0.902	0.915	0.961	1.000
	人均保险费用	0.340	0.340	0.367	0.675	0.714	0.970	1.000	0.907
	城镇登记失业率	0.833	0.789	0.857	0.990	0.882	0.929	0.909	1.000
	每百人公共图书馆藏书	0.643	0.651	0.583	0.668	0.826	0.840	0.862	1.000
	每万人大学生数	0.463	0.769	0.809	0.866	0.997	1.000	0.998	0.803
	科研机构 R&D 人员数	0.697	0.647	0.761	0.865	1.000	0.816	0.631	0.682
	社会发展指数	0.948	0.962	0.974	0.990	1.000	0.874	0.879	0.897
经济生态环境子系统 (U_3)	区域经济总量	0.373	0.447	0.541	0.701	0.754	0.876	0.993	1.000
	资源型产业占工业总产值比重	0.944	0.978	0.976	0.961	1.000	0.944	0.964	0.950
	产业结构系数	1.000	1.000	0.999	0.999	0.999	0.999	0.999	0.999
	资源产出率	0.577	0.642	0.707	0.856	0.893	0.966	0.957	1.000
	单位 GDP 能耗降低率	0.318	0.397	0.418	0.597	0.636	0.344	0.319	1.000
	科研投入占 GDP 比例	0.086	0.236	0.350	0.641	0.564	0.675	0.748	1.000
	有效发明专利数	0.033	0.107	0.119	0.078	0.177	0.564	0.395	1.000
	区域的全要素生产率	1.000	0.823	0.493	0.474	0.340	0.703	0.458	0.720
	技术改造投入	0.114	0.678	1.000	0.359	0.463	0.387	0.311	0.254
	购买国内技术经费	0.527	0.822	0.606	0.190	0.536	0.682	1.000	0.363
	技术引进投入	0.729	0.801	1.000	0.625	0.664	0.679	0.693	0.666

5.2.3 指标权重值的确定

1. 基于 AHP 的权重确定

（1）层次单排序及一致性检验

根据上文对平顶山市可持续发展目标的系统结构分解和构成要素分析，建立递阶层次结构。根据两两比较结果，生成判断矩阵 $A-B$，利用第 4 章介绍的方法推算 $B_i(i=1,2,3,4)$ 对于 A 的相对重要性系数，即权重，记为 w_i。利用同样的方法，根据判断矩阵 B_i-B_{ij}，可以推算 B_{ij} 对 B_i 的权重，记为 w_{ij}。最后求得层次单排序及一致性检验结果（详见表 5-3~表 5-6）。

表 5-3　　　　　　　　判断矩阵 $A-B$

A 可持续发展	B_1 自然生态环境子系统	B_2 社会子系统	B_3 经济子系统	权重 w_i
B_1 自然生态环境子系统	1.000 0	1.000 0	0.670 3	0.283 3
B_2 社会子系统	1.000 0	1.000 0	0.548 8	0.265 0
B_3 经济子系统	1.491 8	1.822 1	1.000 0	0.451 7

由判断矩阵 $A-B$ 计算出 $\lambda_{\max}=3.0086$，故

$$CR=\frac{CI}{RI}=\frac{0.0043}{0.58}=0.0074<0.1$$

说明判断矩阵 $A-B$ 符合一致性检验。

表 5-4　判断矩阵 B_1-N_j

自然生态环境子系统	矿产资源禀赋系数	矿产资源储采比	饮用水源地水质达标率	区域环境噪声	绿化覆盖率	空气质量指数	生活污水集中处理率	工业固体废弃物综合利用率	生活垃圾无害处理率	生态服务功能价值	w_i
矿产资源禀赋系数	1.000 0	0.818 7	0.449 3	0.670 3	0.670 3	0.548 8	0.670 3	0.670 3	0.818 7	0.449 3	0.064 6
矿产资源储采比	1.221 4	1.000 0	1.000 0	1.491 8	0.818 7	0.818 7	1.221 4	1.221 4	1.221 4	0.449 3	0.098 3
饮用水源地水质达标率	2.225 5	1.000 0	1.000 0	1.491 8	1.000 0	1.000 0	1.000 0	1.221 4	1.221 4	1.000 0	0.117 6
区域环境噪声	1.491 8	0.670 3	0.670 3	1.000 0	0.818 7	0.670 3	1.000 0	1.221 4	1.000 0	0.670 3	0.085 4
绿化覆盖率	1.491 8	1.221 4	1.000 0	1.221 4	1.000 0	1.221 4	1.221 4	1.221 4	1.221 4	0.670 3	0.110 8
空气质量指数	1.822 1	0.818 7	1.000 0	1.491 8	0.818 7	1.000 0	1.000 0	1.000 0	1.000 0	1.000 0	0.113 0
生活污水集中处理率	1.491 8	0.818 7	0.818 7	1.000 0	0.818 7	0.818 7	1.000 0	1.000 0	1.000 0	0.818 7	0.094 4
工业固体废弃物综合利用率	1.491 8	0.818 7	0.818 7	1.000 0	0.818 7	0.818 7	1.000 0	1.000 0	1.000 0	0.818 7	0.092 5
生活垃圾无害化处理率	1.221 4	0.818 7	0.818 7	1.000 0	0.818 7	0.818 7	1.000 0	1.000 0	1.000 0	0.818 7	0.090 7
生态服务功能价值	2.225 5	2.225 5	1.000 0	1.491 8	1.491 8	1.000 0	1.221 4	1.221 4	1.221 4	1.000 0	0.132 6

第5章 基于生态创新的矿产资源密集型区域可持续发展评价的案例

表 5-5 判断矩阵 $B_2 - S_j$

社会子系统	人口密度	人口自然增长率	每千人拥有卫生机构病床数	人均城市道路面积	移动电话年末用户数	城镇恩格尔系数	农村恩格尔系数	人均保险费用	每百人公共图书馆藏书	每万人大学生数	科研机构R&D人员数	社会发展指数	城镇登记失业率	w_i
人口密度	1.0000	1.0000	0.8187	0.8187	1.2214	0.8187	0.8187	1.2214	1.0000	1.0000	0.8187	0.8187	0.8187	0.0706
人口自然增长率	1.0000	1.0000	0.8187	1.0000	1.2214	0.8187	0.8187	1.2214	1.2214	1.0000	1.0000	0.8187	0.8187	0.0739
每千人拥有卫生机构病床数	1.2214	1.2214	1.0000	1.0000	1.0000	0.8187	0.8187	1.0000	1.0000	0.8187	0.8187	0.8187	0.8187	0.0739
人均城市道路面积	1.2214	1.0000	0.8187	1.0000	1.0000	0.8187	0.8187	1.0000	1.0000	0.8187	0.8187	0.5488	0.8187	0.0674
移动电话年末用户数	0.8187	0.8187	0.8187	1.0000	1.0000	1.0000	0.8187	1.2214	1.2214	0.8187	0.8187	0.5488	0.8187	0.0644
城镇恩格尔系数	1.2214	1.2214	1.2214	1.2214	1.0000	1.0000	1.0000	1.2214	1.2214	1.2214	1.2214	0.6703	1.2214	0.0811
农村恩格尔系数	1.2214	1.2214	1.0000	1.0000	1.2214	1.0000	1.0000	1.2214	1.2214	1.2214	1.0000	0.6703	1.2214	0.0811
人均保险费用	0.8187	0.8187	1.0000	1.0000	0.8187	0.8187	0.8187	1.0000	1.0000	1.0000	0.8187	0.5488	0.8187	0.0654
每百人公共图书馆藏书	1.0000	0.8187	1.0000	1.0000	1.0000	0.8187	0.8187	1.0000	1.0000	1.2214	0.8187	0.6703	0.8187	0.0674
每万人大学生数	1.0000	1.0000	1.2214	1.2214	1.2214	1.2214	1.2214	1.2214	1.2214	1.0000	1.2214	0.8187	1.2214	0.0862
科研机构R&D人员数	1.2214	1.0000	1.2214	1.2214	1.2214	1.2214	1.2214	1.2214	1.2214	1.0000	1.0000	0.8187	1.2214	0.0849
社会发展指数	1.2214	1.2214	1.2214	1.2214	1.8221	1.4918	1.8221	1.4918	1.4918	1.2214	1.2214	1.0000	1.0000	0.1037
城镇登记失业率	1.2214	1.2214	1.2214	1.2214	1.2214	0.8187	0.8187	1.2214	1.2214	0.8187	0.8187	1.0000	1.0000	0.0799

5.2 平顶山市可持续发展状况评价过程

表5-6 判断矩阵 $B_3 - E_j$

经济子系统	区域经济总量	资源型产业占工业总产值比重	产业结构系数	资源产出率	单位GDP能耗降低率	科研投入占GDP比例	有效发明专利数	区域的全要素生产率	技术改造投入	购买国内技术经费	技术引进投入	w_i
区域经济总量	1.0000	1.0000	0.8187	1.0000	0.8187	0.8187	0.8187	0.6703	0.8187	0.8187	0.8187	0.0768
资源型产业占工业总产值比重	1.0000	1.0000	0.8187	0.8187	0.8187	0.8187	0.8187	0.6703	0.8187	0.8187	0.8187	0.0754
产业结构系数	1.2214	1.2214	1.0000	1.0000	1.0000	1.0000	1.0000	0.8187	1.0000	1.0000	1.0000	0.0905
资源产出率	1.2214	1.2214	1.0000	1.0000	1.0000	1.0000	1.0000	0.8187	1.0000	1.0000	1.0000	0.0905
单位GDP能耗降低率	1.2214	1.2214	1.0000	1.0000	1.0000	1.0000	1.0000	0.8187	1.0000	1.0000	1.0000	0.0938
科研投入占GDP比例	1.2214	1.2214	1.0000	1.0000	1.0000	1.0000	1.2214	0.8187	1.0000	1.0000	1.0000	0.0938
有效发明专利数	1.4918	1.4918	1.0000	1.2214	1.2214	1.2214	1.0000	1	1.2214	1.2214	1.2214	0.0905
区域的全要素生产率	1.2214	1.2214	1.0000	1.0000	1.0000	1.0000	1.0000	0.8187	1.0000	1.0000	1.0000	0.1125
技术改造投入	1.2214	1.2214	1.0000	1.0000	1.0000	1.0000	1.0000	0.8187	1.0000	1.0000	1.0000	0.0921
购买国内技术经费	1.2214	1.2214	1.0000	1.0000	1.0000	1.0000	1.0000	0.8187	1.0000	1.0000	1.0000	0.0921
技术引进投入	1.2214	1.2214	1.0000	1.0000	1.0000	1.0000	1.0000	0.8187	1.0000	1.0000	1.0000	0.0921

由判断矩阵 $B_1 - N_j$ 计算出 $\lambda_{max} = 10.0594$，故

$$CR = \frac{CI}{RI} = \frac{0.0066}{1.49} = 0.0044 < 0.1$$

说明判断矩阵 $B_1 - N_j$ 符合一致性检验。

由判断矩阵 $B_2 - S_j$ 计算出 $\lambda_{max} = 13.0456$，故

$$CR = \frac{CI}{RI} = \frac{0.0038}{1.56} = 0.0024 < 0.1$$

说明判断矩阵 $B_2 - S_j$ 符合一致性检验。

由判断矩阵 $B_3 - E_j$ 计算出 $\lambda_{max} = 11.006$，故

$$CR = \frac{CI}{RI} = \frac{0.0006}{1.52} = 0.0004 < 0.1$$

说明判断矩阵 $B_3 - E_j$ 符合一致性检验。

(2) 层次总排序

根据第二层次和第三层次 (N_j, S_j, E_j) 的计算结果，可以确定第三层次 (N_j, S_j, E_j) 中各因素的重要性排序，即层次总排序。

由于评价体系的三个子系统包含的指标个数不同，需要对其权重进行修正。公式如下：

$$\overline{w_i} = \frac{n_i w_i}{\sum_{i=1}^{3} n_i w_i} \quad (i = 1, 2, 3)$$

式中，n_i 为 w_i 所支配指标个数，$\overline{w_i}$ 为修正后的指标 B_i 对于综合效益总指标 A 的权重。

则修正后的权重指标向量为

$$\overline{W} = (\overline{w_1}, \overline{w_2}, \overline{w_3})^T = (0.2833, 0.2560, 0.4517)^T$$

层次总排序，即指标 B_{ij} 对 A 的权重，按下式计算：

$$\overline{w}_{ij} = \overline{w_i} w_{ij}$$

5.2 平顶山市可持续发展状况评价过程

则 $0.2833\times\begin{pmatrix}0.0646\\0.0983\\0.1176\\0.0854\\0.1108\\0.1130\\0.0944\\0.0925\\0.0907\\0.1326\end{pmatrix}=\begin{pmatrix}0.0183\\0.0278\\0.0333\\0.0242\\0.0314\\0.0320\\0.0267\\0.0262\\0.0257\\0.0376\end{pmatrix},0.2650\times\begin{pmatrix}0.0706\\0.0739\\0.0739\\0.0674\\0.0644\\0.0811\\0.0811\\0.0654\\0.0674\\0.0862\\0.0849\\0.1037\\0.0799\end{pmatrix}=\begin{pmatrix}0.0187\\0.0196\\0.0196\\0.0179\\0.0171\\0.0215\\0.0215\\0.0173\\0.0179\\0.0228\\0.0225\\0.0275\\0.0212\end{pmatrix},$

$0.4517\times\begin{pmatrix}0.0768\\0.0754\\0.0905\\0.0905\\0.0938\\0.0938\\0.0905\\0.1125\\0.0921\\0.0921\\0.0921\end{pmatrix}=\begin{pmatrix}0.0347\\0.0341\\0.0409\\0.0409\\0.0424\\0.0424\\0.0409\\0.0508\\0.0416\\0.0416\\0.0416\end{pmatrix}$

通过以上分析,将平顶山市可持续发展综合评价的主赋权法所得权重综合如表5-7所示。

表 5-7 平顶山市可持续发展指标体系各层次的权重值(主观赋权法)

目标层	准则层	指 标 层	权重
矿产资源密集型区域可持续发展 (A)	自然生态环境子系统 (B_1) 0.283 3	矿产资源禀赋系数(n_1)	0.018 3
		矿产资源储采比,%(n_2)	0.027 8
		区域水域功能区水质达标率,%(n_3)	0.033 3
		区域环境噪声/dB(A)(n_4)	0.024 2
		绿化覆盖率,%(n_5)	0.031 4
		空气质量指数(n_6)	0.032 0
		生活污水集中处理率,%(n_7)	0.026 7
		工业固体废弃物综合利用率,%(n_8)	0.026 2
		生活垃圾无害化处理率,%(n_9)	0.025 7
		生态服务功能价值/万元(n_{10})	0.037 6
	社会子系统 (B_2) 0.265 0	人口密度/(人·km^{-2})(S_1)	0.018 7
		人口自然增长率,‰(S_2)	0.019 6
		每千人拥有卫生机构病床数/张(S_3)	0.019 6
		人均城市道路面积/m^2(S_4)	0.017 9
		移动电话年末用户数/万(S_5)	0.017 1
		城镇恩格尔系数,%(S_6)	0.021 5
		农村恩格尔系数,%(S_7)	0.021 5
		人均保险费用/元(S_8)	0.017 3
		每百人公共图书馆藏书/(册、件)(S_{10})	0.021 2
		万人具有高等学历人数/人(S_{11})	0.017 9
		科研机构 R&D 人员数/人(S_{12})	0.022 8
		社会发展指数(S_{13})	0.022 5
		城镇登记失业率,%(S_9)	0.027 5

续表

目标层	准则层	指标层	权重
矿产资源密集型区域可持续发展(A)	经济子系统(B_3) 0.4517	区域经济总量/万元(e_1)	0.0347
		资源型产业占工业总产值比重,%(e_2)	0.0341
		产业结构系数(e_3)	0.0409
		资源产出率,亿元/万吨(e_4)	0.0409
		单位GDP能耗降低率,%(e_5)	0.0424
		科研投入占GDP比例,%(e_6)	0.0424
		有效发明专利数/项(e_7)	0.0409
		技术改造投入(万元)(e_8)	0.0508
		购买国内技术经费(万元)(e_9)	0.0416
		技术引进投入(万元)(e_{10})	0.0416
		区域的全要素生产率(e_{11})	0.0416

2. 基于熵值法的权重确定

应用第四章的熵值法计算得出平顶山市可持续发展综合评价体系中各指标熵值及熵权,结果如表5-8所示。

3. 综合集成赋权法确定权重系数

根据第四章的综合集成赋权法确定权重系数的方法,最终可得到平顶山市可持续发展综合评价体系中各指标权重,结果如表5-9所示。

表 5-8 平顶山市可持续发展指标体系各层次的权重值
（客观赋权法）

目标层	准则层	指 标 层	熵值	熵权
矿产资源密集型区域可持续发展 (A)	自然生态环境子系统 (B_1)	矿产资源禀赋系数 (n_1)	1.465 2	0.030 5
		矿产资源储采比,% (n_2)	1.450 2	0.029 5
		区域水域功能区水质达标率,% (n_3)	1.431 4	0.028 3
		区域环境噪声/dB(A) (n_4)	1.433 3	0.028 4
		绿化覆盖率,% (n_5)	1.439 9	0.028 8
		空气质量指数 (n_6)	1.437 1	0.028 7
		生活污水集中处理率,% (n_7)	1.437 6	0.028 7
		工业固体废弃物综合利用率,% (n_8)	1.437 7	0.028 7
		生活垃圾无害化处理率,% (n_9)	1.439 6	0.028 8
		生态服务功能价值/万元 (n_{10})	1.457 7	0.03
	社会子系统 (B_2)	人口密度/(人·km^{-2}) (S_1)	1.434	0.028 5
		人口自然增长率,‰ (S_2)	1.436 4	0.028 6
		每千人拥有卫生机构病床数/张 (S_3)	1.447 3	0.029 3
		人均城市道路面积/m^2 (S_4)	1.449 8	0.029 5
		移动电话年末用户数/万 (S_5)	1.455 3	0.029 9
		城镇恩格尔系数,% (S_6)	1.435 7	0.028 6
		农村恩格尔系数,% (S_7)	1.439	0.028 8
		人均保险费用/元 (S_8)	1.452 7	0.029 7
		城镇登记失业率,% (S_9)	1.439 1	0.028 8
		每百人公共图书馆藏书/(册、件) (S_{10})	1.450 5	0.029 5
		万人具有高等学历人数/人 (S_{11})	1.441 7	0.029
		科研机构 R&D 人员数/人 (S_{12})	1.450 7	0.029 6
		社会发展指数 (S_{13})	1.435 9	0.028 6

续表

目标层	准则层	指标层	熵值	熵权
矿产资源密集型区域可持续发展(A)	经济子系统(B_3)	区域经济总量/万元(e_1)	1.450 5	0.029 5
		资源型产业占工业总产值比重,%(e_2)	1.434 1	0.028 5
		产业结构系数,(e_3)	1.431 5	0.028 3
		资源产出率,亿元/万吨(e_4)	1.445 2	0.029 2
		单位GDP能耗降低率,%(e_5)	1.475 5	0.031 2
		科研投入占GDP比例,%(e_6)	1.465 4	0.030 5
		有效发明专利数/项(e_7)	1.494 1	0.032 4
		技术改造投入(万元)(e_8)	1.461	0.030 2
		购买国内技术经费(万元)(e_9)	1.479 7	0.031 5
		技术引进投入(万元)(e_{10})	1.462 9	0.030 4
		区域的全要素生产率(e_{11})	1.453 9	0.029 8

表 5-9 平顶山市可持续发展指标体系各层次的权重值
(综合集成赋权法)

目标层	准则层	指标层	权重系数
矿产资源密集型区域可持续发展(A)	自然生态环境子系统(B_1)	矿产资源禀赋系数(n_1)	0.024 4
		矿产资源储采比,%(n_2)	0.028 7
		区域水域功能区水质达标率,%(n_3)	0.030 8
		区域环境噪声/dB(A)(n_4)	0.026 3
		绿化覆盖率,%(n_5)	0.030 1
		空气质量指数(n_6)	0.030 4
		生活污水集中处理率,%(n_7)	0.027 7
		工业固体废弃物综合利用率,%(n_8)	0.027 5
		生活垃圾无害化处理率,%(n_9)	0.027 3
		生态服务功能价值/万元(n_{10})	0.033 8

续表

目标层	准则层	指标层	权重系数
矿产资源密集型区域可持续发展 (A)	社会子系统 (B_2)	人口密度/(人·km^{-2})(S_1)	0.023 6
		人口自然增长率,‰(S_2)	0.024 1
		每千人拥有卫生机构病床数/张(S_3)	0.024 5
		人均城市道路面积/m^2(S_4)	0.023 7
		移动电话年末用户数/万(S_5)	0.023 5
		城镇恩格尔系数,%(S_6)	0.025 1
		农村恩格尔系数,%(S_7)	0.025 2
		人均保险费用/元(S_8)	0.023 5
		城镇登记失业率,%(S_9)	0.025
		每百人公共图书馆藏书/(册、件)(S_{10})	0.023 7
		万人具有高等学历人数/人(S_{11})	0.026
		科研机构 R&D 人员数/人(S_{12})	0.026 1
		社会发展指数(S_{13})	0.028 1
	经济子系统 (B_3)	区域经济总量/万元(e_1)	0.032 1
		资源型产业占工业总产值比重,%(e_2)	0.031 3
		产业结构系数(e_3)	0.034 6
		资源产出率,亿元/万吨(e_4)	0.035 1
		单位 GDP 能耗降低率,%(e_5)	0.036 8
		科研投入占 GDP 比例,%(e_6)	0.036 5
		有效发明专利数/项(e_7)	0.036 7
		技术改造投入(万元)(e_8)	0.040 5
		购买国内技术经费(万元)(e_9)	0.036 6
		技术引进投入(万元)(e_{10})	0.036
		区域的全要素生产率(e_{11})	0.035 7

5.2.4 平顶山市可持续发展综合评价结果

1. 综合指数

根据第四章的综合评价指数的计算公式(4-24)和各项指标2005—2012年的标准化数据，通过计算得到平顶山市2005—2012年可持续发展的综合指数，如表5-10所示。

表5-10　　　　平顶山市可持续发展的综合指数

	2005年	2006年	2007年	2008年	2009年	2010年	2011年	2012年
自然生态环境子系统可持续发展指数 B_1	0.745 2	0.762 6	0.827 8	0.832 0	0.890 9	0.803 0	0.926 0	0.984 0
社会子系统可持续发展指数 B_2	0.694 7	0.732 3	0.767 4	0.853 9	0.901 2	0.888 7	0.899 2	0.933 5
经济子系统可持续发展指数 B_3	0.535 4	0.632 5	0.643 1	0.545 8	0.583 2	0.667 5	0.641 8	0.702 7
可持续发展综合指数 U	0.654 1	0.711 0	0.745 6	0.740 6	0.788 2	0.785 5	0.813 5	0.880 2

在借鉴前人[199]研究的基础上，根据国内外关于综合指数的分级方法，最终将平顶山市可持续发展度分为五级，具体如表5-11所示。

表 5-11　　　　　　　可持续发展度分级表

分级	指数值	评价
1	>0.90	可持续发展能力强
2	0.80~0.90	可持续发展能力较强
3	0.60~0.79	基本可持续
4	0.30~0.59	可持续发展能力弱
5	<0.30	可持续发展能力很弱

根据表 5-10 可知，2005—2012 年平顶山市可持续发展综合评价指数在 0.60~0.88 之间，对照表 5-11，可见平顶山市的可持续发展水平正由基本可持续向可持续发展能力较强过渡。

2. 协调指数

根据第四章协调指数的计算公式(4-25)和各年份的指标数据，计算得到 2006—2012 年平顶山市的可持续发展协调指数，如表 5-12 所示。

表 5-12　　　　　　　可持续发展的协调指数

	2006 年	2007 年	2008 年	2009 年	2010 年	2011 年	2012 年
$X+Y+Z$	0.056 9	0.034 6	-0.005 1	0.047 7	-0.002 8	0.028 0	0.066 8
$\sqrt{X^2+Y^2+Z^2}$	0.041 9	0.022 3	0.044 1	0.027 5	0.036 8	0.037 0	0.043 9
CI	1.358 3	1.550 9	-0.115 6	1.730 2	-0.074 8	0.758 3	1.521 3

由表 5-12 可知，2006—2012 年，平顶山市的可持续发展协调指数波动较大，其在 2006—2007 年强协调性发展下降到 2008 年的弱不可持续发展，然后又上升为强协调性发展，随之又下

降到弱不可持续发展后，又呈现出向弱协调性发展和强协调性发展过渡。这表明在平顶山市的发展过程中，经济子系统、社会子系统和自然生态环境子系统三个子系统协调性不是太好，应引起当地政府足够的重视。

3. 可持续指数

根据各年份指标数据和公式（4-26），即可得到平顶山市可持续发展的持续指数，如表 5-13 所示。

表 5-13　平顶山市 2006—2012 年可持续发展的持续指数

年份	2006 年	2007 年	2008 年	2009 年	2010 年	2011 年	2012 年
可持续发展持续指数 DI	0.024 9	0.014 7	-0.004 3	0.021 0	-0.002 4	0.011 7	0.030 3

由表 5-13 可知，2006—2012 年，平顶山市的可持续发展持续指数总体上处于 $0<DI\leqslant 1$，区域的发展是朝着可持续方向迈进的，但中间有些波动，如 2008 年和 2010 年，而且 DI 也呈现波动趋势，这表明平顶山市的可持续发展是不稳定的，其发展不太科学和合理。

5.3　平顶山市可持续发展评价结果分析

5.3.1　可持续发展水平综合评价分析

根据上述基于生态创新的矿产资源密集型区域可持续发展

综合评价结果及自然生态环境、经济、社会子系统的评价指数,从而得到平顶山市 2005—2012 年自然生态环境子系统、经济子系统、社会子系统三者的可持续性变化和可持续发展水平指数变化趋势图。如图 5-4 和图 5-5 所示。

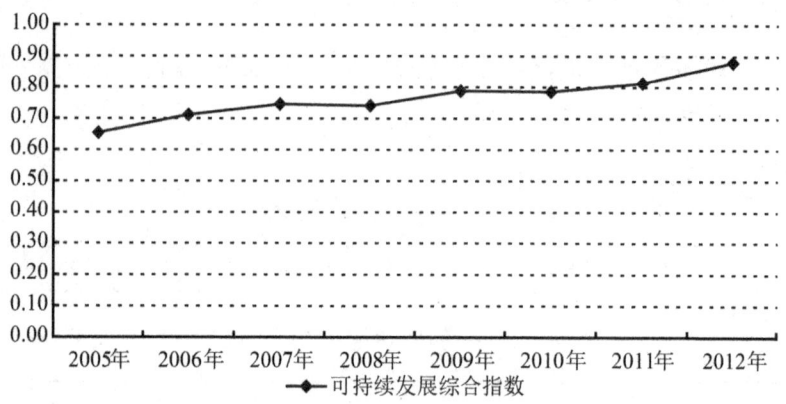

图 5-4 平顶山市 2005—2012 年可持续发展评价指数变化趋势

如图 5-5 所示,自然生态环境子系统、经济子系统、社会子系统三者的可持续发展指数均呈现出上升趋势,但波动幅度不一样。其中可持续发展指数增长速率最快的是社会子系统;自然生态环境可持续发展指数起点较高;经济可持续发展指数也为上升趋势。由此可知,2005—2012 年期间平顶山市在保持经济发展的同时注重社会事业的发展,加大了资源环境保护力度。由图 5-5 可知,平顶山市的可持续发展水平综合指数由 2005 年的 0.6541 增长到 2012 年的 0.8802,整体上呈现出上升的态势,中间出现个别年份波动的现象。进一步来说,可将研究期间的主要表现分为三个阶段:第一阶段为起步发展期,其时间段为 2005 年至 2007 年,由于该阶段平顶山市发展速度比

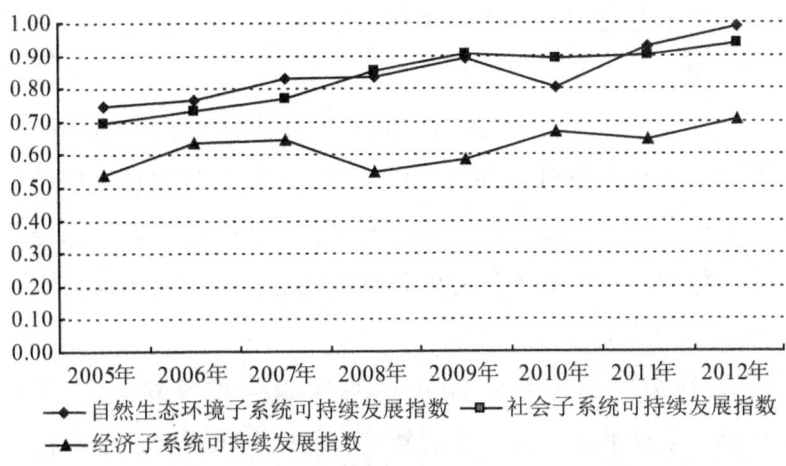

图 5-5 平顶山市 2005—2012 年可持续发展水平综合指数(U)变化趋势图

较缓慢,其处于可持续发展阶段的初期;第二阶段为波动下降期,其时间段为 2008 年至 2009 年,该阶段平顶山市的可持续发展速度出现一个短暂的波动趋势;第三阶段为快速发展期,其时间段为 2010 年至 2012 年,由于当地政府看到上一阶段的发展状况,对区域发展政策进行了调整,其可持续发展速度短暂下降后回到了持续发展的趋势,并呈现快速发展的良好势头。

通过图 5-5 可知,平顶山市 2005—2012 年经济子系统、社会子系统、自然生态环境子系统的可持续曲线呈相互交叉的现象,尤其是自然生态环境与社会子系统,这反映出三个子系统的发展并不同步。结合已有的统计资料、数据,结合平顶山市的实际情况,其可持续发展综合水平的变动原因如下:

① 自然生态环境子系统可持续指数由 2005 年的 0.7452 增长到 2012 年的 0.9840。在此期间,2005—2009 年以及 2011—2012 年两个时段的环境可持续发展指数增速较快,由于增长速

第5章 基于生态创新的矿产资源密集型区域可持续发展评价的案例

率的不同,呈现出波动上升型发展轨迹。作为矿产资源密集型区域,其在矿产资源尤其是煤矿矿区的开发过程中,势必造成对生态环境的破坏。为此,平顶山市始终注重生态环境的保护,不断加大污染排放处理和环境保护投入力度,实现环境质量的稳步提升。从要素层看,绿化覆盖率、工业固体废弃物综合利用率、空气质量指数等指标的贡献率偏低,反映了平顶山市自然生态环境状况仍有待改善。

② 社会发展指数由2005年的0.6974增长到2012年的0.9335,呈现平稳上升的发展轨迹,总体上来说,其发展速度是可持续发展的三个子系统中发展最快的一个。只有人民生活水平越高,社会保障事业越完善,人类的素质提高,才能更自觉去推动生态创新,相应地人类社会发展指数就越高,进而社会发展的可持续性就越强。从要素层看,城镇恩格尔系数、农村恩格尔系数、每百人公共图书馆藏书、每万人大学生数、科研机构R&D人员数等都促进了平顶山市社会可持续发展水平的平稳推进。每千人拥有卫生机构病床数、人均保险费用等指标贡献率偏低,说明平顶山市公共服务建设方面有待进一步提高。

③ 经济子系统可持续发展指数由2005年的0.5354增长到2012年的0.7027,在三个子系统中指数增值最小,由此表明平顶山市经济后劲不足,需要转变经济增长方式,创新经济增长模式。虽然平顶山市经济综合实力不断增强,但其经济结构仍处于不合理的态势,其资源型产业占工业总产值比重仍达70%以上,但第一产业发展稳中有降,第二产业仍保持主导,第三产业发展缓慢。从要素层上看,产业结构系数、资源产出率、全要素生产率以及反映科技创新活力的指标的贡献率较低,说明平顶山市经济结构需要继续深化调整和转型,经济效益未达

到最大化,经济实力有待更进一步提升,科技创新有待进一步加强。

5.3.2 协调性评价分析

由表 5-12 的可持续发展协调指数,可以作出平顶山市 2006—2012 年可持续发展协调指数变化趋势图,如图 5-6 所示。

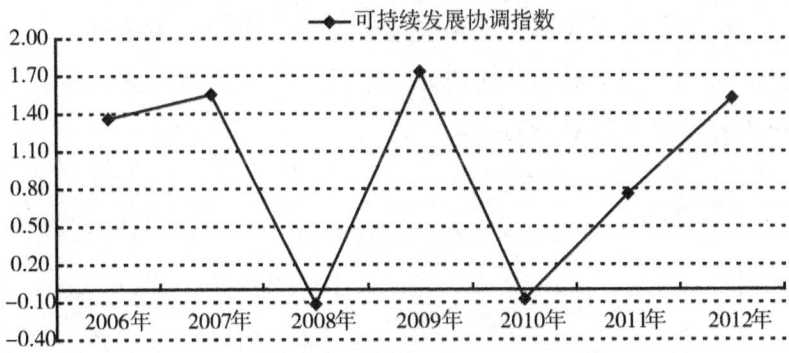

图 5-6 平顶山市 2006—2012 年可持续发展协调指数变化趋势图

从图 5-6 可以很直观地看出,平顶山市可持续发展协调指数在-0.115 6~1.730 2 之间上下波动,总体上可以分为 3 种情况:① 2008 年、2010 年出现 2 个低点,表明平顶山市在这两个时间段的发展协调性非常差。究其原因,2008 年、2010 年平顶山市的资源型产业所占比重达到研究期间的最高比重,这种模式下的经济是以高污染、高排放为特征的发展方式,而社会和资源环境发展指标却增长比较缓慢,最终导致发展协调性相对减弱的现象。② 2006—2007、2008—2009、2010—2012 年这三个时间段的经济、社会、资源环境发展指标均呈现出快速增长的趋势，由弱可持续发展迈向强可持续发展。③ 2007—2008、2009—2010 年这两个时间段的经济、社会、自然生态环境呈现下降态势，可持续发展朝弱可持续方向演进。可持续指数呈不稳定的变化趋势，说明平顶山市要不断地保持协调稳定发展的势头，仍需不断努力。

5.3.3 持续性评价分析

根据平顶山市 2006—2012 年可持续发展的持续性评价指数（表 5-13），可以看出其在研究期间的可持续发展持续性指数变化趋势图，如图 5-7 所示。

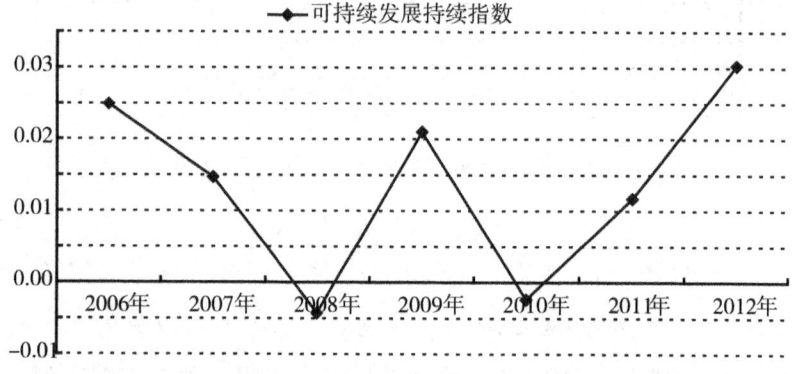

图 5-7 平顶山市 2006—2012 年可持续发展持续指数变化趋势图

由 5-7 图可以看出，从 2006 年到 2012 年持续指数呈现出先下降后上升的波动增长趋势，总体上朝着可持续发展方向前进，并且可持续性越来越强。自 2006 年的持续指数开始下降至 2008 年的 -0.0043，主要原因与上述可持续协调指数变化一致。2010

年以后，平顶山市的可持续发展指数呈现快速增长的态势。可持续发展持续指数出现"降—升—降—升"的波动态势，说明这期间平顶山市发展的可持续性有减弱的趋势，但决策者及时发展调整策略，使得平顶山市的可持续发展又走上了快速增长道路。

5.4 基于惩罚型变权的平顶山市可持续发展预警

5.4.1 预警指标警限的确定

根据第四章关于预警指标的介绍，结合上述预警指标警限确定的方法，最终确定平顶山市可持续发展预警指标警限(见表5-14)。

5.4.2 基于 GM(1，1)模型的平顶山市可持续发展的警情预测

根据平顶山市 2005—2012 年的可持续发展数据(表 5-1)，利用前文所述的 GM(1，1)预测模型，对各预警指标进行预测。

首先，对矿产资源禀赋系数(第一个指标)预测方程进行检验，取其原数列：$X^{(0)} = (2.08, 2.16, 3.01, 2.70, 3.72, 3.25, 4.14, 4.20)$ 作一次累加生成得：$X^{(1)} = (2.08, 4.24, 7.25, 9.95, 13.67, 16.92, 21.06, 25.26)$。

表5-14 平顶山市可持续发展预警指标警限

	无警区间	轻警区间	中警区间	重警区间	巨警区间	依据方法
矿产资源禀赋系数	[4.33,+∞)	[4.17,4.34]	[4.02,4.17]	[3.87,4.02]	[0,4.02]	相-①
矿产资源储采比	[69.07,100]	[67.82,69.07]	[66.58,67.82]	[66.33,66.58]	[0,66.33]	相-①
饮用水源地水质达标率	[90,100]	[80,90]	[70,80]	[60,70]	[0,60]	相-①/绝-①
区域环境噪声	[0,55]	(55,60]	(60,65]	(65,70]	(70,100]	相-①/绝-①
绿化覆盖率	[40,100]	[35,40]	[30,35]	[25,30]	[0,25]	相-①/绝-①
空气质量指数	[0.9,1]	[0.8,0.9]	[0.7,0.8]	[0.6,0.7]	[0,0.6]	相-①/绝-①
生活污水集中处理率	[90,100]	[80,90]	[70,80]	[60,70]	[0,60]	相-①/绝-①
工业固体废弃物综合利用率	[90,100]	[80,90]	[70,80]	[60,70]	[0,60]	相-①/绝-①
生活垃圾无害化处理率	[90,100]	[80,90]	[70,80]	[60,70]	[0,60]	相-①/绝-①
生态服务功能价值	[1 108 592,+∞)	[1 073 378,1 108 592]	[1 038 165,1 073 378)	[1 002 951,1 038 165]	[0,1 002 951]	相-①/绝-②
人口密度	[0,670]	(670,680]	(680,690]	(690,700]	(700,+∞)	相-①
人口自然增长率	[0,5.7]	(5.7,5.8]	(5.8,5.9]	(5.9,6]	(6,+∞)	相-①

5.4 基于惩罚型变权的平顶山市可持续发展预警

续表

	无警区间	轻警区间	中警区间	重警区间	巨警区间	依据方法
每千人拥有卫生机构病床数	[4.2,+∞)	[4.15,4.2]	[4.1,4.15)	[4.0,4.1)	[0,4.0)	相-①
人均城市道路面积	[10.1,+∞)	[9.95,10.1]	[9.85,9.95)	[9.7,0.85)	[0,9.7)	相-①
移动电话年末用户数	[251,+∞)	[246,251]	[241,246)	[236,241)	[0,236)	相-①
城镇恩格尔系数	(0,40]	(40,42.89]	(42.89,45.77]	(45.77,48.66]	(48.66,100)	绝-①
农村恩格尔系数	(0,40]	(40,42.89]	(42.89,45.77]	(45.77,48.66]	(48.66,100)	绝-①
人均保险费用	[756,+∞)	[750,756]	[744,750]	[738,744]	[0,738)	相-①
城镇登记失业率	[0,3.5]	(3.5,3.55]	(3.55,3.6]	(3.6,3.65]	[3.65,100]	相-①
每百人公共图书馆藏书	[16.31,+∞)	[16.07,16.31]	[15.83,16.07]	[15.58,15.83]	[0,15.58)	相-①
每万人大学生数	[152,10 000]	[142,152]	[132,142]	[122,132]	[0,122)	相-①
科研机构 R&D 人员数	[7 325,+∞)	[7 196,7 325]	[7 068,7 196]	[6 939,7 068]	[0,6 939)	相-①
社会发展指数	[0.78,1]	[0.73,0.78]	[0.68,0.73]	[0.63,0.68]	[0,0.63)	相-①/绝-①
区域经济总量	[13 724 929,+∞)	[13 570 796,13 724 929]	[13 416 662,13 570 796]	[13 262 528,13 416 662]	[0,13 262 528)	相-①

第5章 基于生态创新的矿产资源密集型区域可持续发展评价的案例

续表

	无警区间	轻警区间	中警区间	重警区间	巨警区间	依据方法
资源型产业占工业总产值比重	[0,0.63]	(0.63,0.68]	(0.68,0.73]	(0.73,0.78]	(0.78,1]	相-①
产业结构系数	[1,+∞)	[0.9,1)	[0.8,0.9)	[0.7,0.8)	[0,0.7)	相-①/绝-①
资源产出率	[0.88,+∞)	[0.83,0.88)	[0.79,0.83)	[0.74,0.79)	[0,0.74)	相-①
单位GDP能耗降低率	[7.17,+∞)	[6.84,7.17)	[6.51,6.84)	[6.18,6.51)	[0,6.18)	相-①
科研投入占GDP比例	[0.03,0.05]	[0.02,0.03)	[0.01,0.02)	[0.005,0.01)	[0,0.005)	相-①/绝-①
有效发明专利数	[145,+∞)	[133,145)	[121,133)	[109,121)	[0,109)	相-①
区域的全要素生产率	[0.17,1]	[0.12,0.17)	[0.07,0.12)	[0.02,0.07)	[0,0.02)	相-①/绝-①
技术改造投入	[439 103,+∞)	[408 465,439 103)	[377 827,408 465)	[347 189,377 827)	[0,347 189)	相-①
购买国内技术经费	[2 262,+∞)	[2 186,2 262)	[2 109,2 186)	[2 034,2 109)	[0,2 034)	相-①
技术引进投入	[301,+∞)	[294,301)	[285,294)	[276,285)	[0,276)	相-①

注：表中"相-①"表示相对确定法中的"多数原则"；"绝-①"表示绝对确定法中国际、国内有关标准规范，中科学研究已判定的生态效应。

5.4 基于惩罚型变权的平顶山市可持续发展预警

计算

$$B = \begin{pmatrix} -3.16, & 1 \\ -5.75, & 1 \\ -8.60, & 1 \\ -11.82, & 1 \\ -15.29, & 1 \\ -18.99, & 1 \\ -23.16, & 1 \end{pmatrix}$$

$Y = (4.24, 7.25, 9.95, 13.67, 16.92, 21.06, 25.26)^{\mathrm{T}}$

可得： $\hat{a} = \begin{bmatrix} a \\ b \end{bmatrix} = \begin{bmatrix} -0.0946 \\ 2.138669 \end{bmatrix}$

将 a, b 的实际值代入微分方程得：

$$\frac{\mathrm{d}x^{(1)}}{\mathrm{d}t} - 0.0946 x^{(1)} = 2.138669$$

$$\hat{x}^{(1)}(k+1) = \left(x^{(0)}(1) - \frac{b}{a}\right)\mathrm{e}^{-ak} + \frac{b}{a}$$

$$= 24.687694\mathrm{e}^{0.094599k} - 22.607694$$

计算得：$S_0^2 = 0.6$，$S_\xi^2 = 0.09$，后验差比值 $C = S_\xi/S_0 = 0.3894$，$0.6745 S_0 = 0.5210$；后验差检验：$C = 0.3894 < 0.5$ 精度等级为二级(合格)。小误差概率 $p = 0.71 > 0.07$，属三级精度(勉强)。模型的预测精度是合格的，说明该预测模型是可信的，可以用来预测该指标。同理，对其余各指标的预测方程进行检验，具体结果见表 5-15。

运用上述灰色预测模型，最终得到上述各指标的 2013—2017 年的预测值，具体见表 5-16。

表 5-15 平顶山市可持续发展预警指标的灰色预测模型及精度检验结果表

指标	灰色预测模型	后验差检验 C	小误差概率 p
矿产资源禀赋系数	$24.687\,694e^{0.094\,599k}-22.607\,694$	0.214 1 1级精度（好）	1 1级精度（好）
矿产资源储采比	$949.342\,107e^{0.053\,683k}-896.902\,107$	0.645 3级精度（勉强）	0.75 3级精度（勉强）
饮用水源地水质达标率	因其目前的值均为100%，故不需要再进行预测		
区域环境噪声	$125\,794.815\,191e^{0.000\,425k}-125\,742.749\,141$	0.549 3 3级精度（勉强）	0.875 2级精度（合格）
绿化覆盖率	$573.947\,198e^{0.051\,388k}-546.547\,198$	0.483 2 2级精度（合格）	0.875 2级精度（合格）
空气质量指数	$37.473\,519e^{0.021\,415k}-36.863\,519$	0.446 4 2级精度（合格）	0.875 2级精度（合格）
生活污水集中处理率	$4925.945\,503e^{0.017\,152k}-4854.385\,503$	0.596 3 3级精度（勉强）	0.75 3级精度（勉强）
工业固体废弃物综合利用率	$2\,182.202\,433e^{0.031\,282k}-2116.222\,433$	0.217 6 2级精度（合格）	1 1级精度（好）

5.4 基于惩罚型变权的平顶山市可持续发展预警

续表

	灰色预测模型	后验差检验 C	小误差概率 p
生活垃圾无害化处理率	$24\ 329.434\ 548\mathrm{e}^{0.037\ 9k} -33.762\ 936\mathrm{e}^{-0.080\ 442k} -24\ 201.06$	0.350 1 2级精度(合格)	0.811 5 2级精度(合格)
生态服务功能价值	$6\ 000\ 979.089\ 418\mathrm{e}^{0.100\ 173k} +1\ 921\ 501.717\ 133\mathrm{e}^{0.105\ 082k} -7\ 165\ 127.445$	0.645 3级精度(勉强)	0.71 3级精度(勉强)
人口密度	$41\ 747.328\ 915\mathrm{e}^{0.014\ 791k} -41\ 122.389\ 815$	0.308 6 1级精度(好)	1 1级精度(好)
人口自然增长率	$369.556\ 004\mathrm{e}^{0.014\ 332k} +5.736\ 437\mathrm{e}^{0.063\ 683k} -369.997\ 667$	0.645 3级精度(勉强)	0.714 3级精度(勉强)
每千人拥有卫生机构病床数	$36.536\ 02\mathrm{e}^{0.076\ 642k} -33.776\ 02$	0.015 9 1级精度(好)	1 1级精度(好)
人均城市道路面积	$74.890\ 18\mathrm{e}^{0.086\ 129k} -70.449\ 108$	0.372 1 2级精度(合格)	0.75 3级精度(勉强)
移动电话年末用户数	$1\ 136.701\ 711\mathrm{e}^{0.119\ 879k} -1\ 031.571\ 711$	0.089 9 1级精度(好)	1 1级精度(好)

续表

指标	灰色预测模型	后验差检验 C	小误差概率 p
城镇恩格尔系数	$-2\,047.970\,253e^{-0.017\,128k}+2\,084.270\,253$	0.343 7 1级精度(好)	0.75 3级精度(勉强)
农村恩格尔系数	$-1\,728.388\,488e^{-0.025\,553k}+1\,772.488\,488$	0.176 1级精度(好)	1 1级精度(好)
人均保险费用	$2\,283.308\,102e^{0.148\,115k}-1\,963.968\,102$	0.422 3 2级精度(合格)	0.75 3级精度(勉强)
城镇登记失业率	$-128.884\,635e^{-0.028\,429k}+132.484\,635$	0.641 3级精度(勉强)	0.75 3级精度(勉强)
每百人公共图书馆藏书	$125.644\,581e^{0.083\,034k}-113.904\,581$	0.315 1级精度(好)	1 1级精度(好)
每万人大学生数	$5\,485.385\,425e^{0.022\,828k}-5\,414.885\,425$	0.480 5 2级精度(合格)	0.875 2级精度(合格)
科研机构R&D人员数	$-782\,480.225\,797e^{-0.008\,482k}+19\,445.237\,124e^{0.037\,565k}+770\,065.077\,9$	0.645 3级精度(勉强)	0.71 3级精度(勉强)

续表

	灰色预测模型	后验差检验 C	小误差概率 p
社会发展指数	$-41.565\,375e^{-0.019\,053k}+42.315\,375$	0.645 3级精度（勉强）	1 1级精度（好）
区域经济总量	$57\,530\,298.554\,602e^{0.124\,1744k}-51\,950\,439.554\,602$	0.201 8 1级精度（好）	1 1级精度（好）
资源型产业占工业总产值比重	$161.656e^{0.004\,668k}-161.656$	0.645 3级精度（勉强）	0.75 3级精度（勉强）
产业结构系数	$-10\,353.988\,348e^{-0.000\,097k}+10\,354.988\,148$	0.498 2级精度（合格）	0.875 2级精度（合格）
资源产出率	$8.952\,419e^{0.068\,152k}-8.432\,419$	0.29 1级精度（好）	1 1级精度（好）
单位GDP能耗降低率	$34.691\,931e^{0.101\,926k}-31.571\,931$	0.521 3级精度（勉强）	0.75 3级精度（勉强）
科研投入占GDP比例	$0.054\,031e^{0.181\,429k}-0.051\,231$	0.266 1级精度（好）	1 1级精度（好）

续表

	灰色预测模型	后验差检验 C	小误差概率 p
有效发明专利数	$53.611e^{0.324\,245k} - 27.611$	0.437 5 2级精度（合格）	0.8 2级精度（合格）
区域的全要素生产率	$53.611\,1e^{0.324\,245k} - 27.611$	0.641 8 3级精度（勉强）	0.75 3级精度（勉强）
技术改造投入	$-3\,207\,247.702\,406e^{-0.190\,561k} + 328\,5247.502\,406$	0.650 1 3级精度（勉强）	0.75 3级精度（勉强）
购买国内技术经费	$-290\,169.84e^{-0.006\,0644k} + 291\,682.14$	0.64 3级精度（勉强）	0.75 3级精度（勉强）
技术引进投入	$95\,793.576\,920e^{0.002\,582k} - 95\,563.576\,923$	0.449 0 2级精度（合格）	0.80 2级精度（合格）

注：①生活垃圾无害化处理率、生态服务功能价值、人口自然增长率、科研机构 R&D 人员数、区域经济总量、人口的灰色预测模型精度检验不合格，故本书采用一阶残差修正 GM(1,1)模型(即采用原始数据与 GM(1,1)模型预测值的残差作一次修正)来对其进行修正。②单位 GDP 能耗降低率、有效发明专利数个别年份出现异常值，为了不影响其预测结果，预测时将异常值舍弃掉。

表 5-16 平顶山市可持续发展预警指标 2013—2017 年的预测结果表

指标名称	2013e	2014e	2015e	2016e	2017e
矿产资源禀赋系数	4.71	5.20	5.74	6.30	6.90
矿产资源储采比	67.20	69.10	71.10	73.20	75.40
饮用水源地水质达标率	1.00	1.00	1.00	1.00	1.00
区域环境噪声	53.69	53.70	53.73	53.75	53.77
绿化覆盖率	43.30	45.60	48.10	50.60	53.20
空气质量指数	0.90	0.92	0.94	0.96	0.97
生活污水集中处理率	94.45	95.69	96.08	97.75	98.23
工业固体废弃物综合利用率	86.32	89.06	91.89	94.81	97.82
生活垃圾无害化处理率	89.45	89.77	90.09	90.41	90.74
生态服务功能价值	1 274 783	1 409 097	1 557 562	1 721 670	1 903 068
人口密度	689.00	700.00	710.00	721.00	732.00
人口自然增长率	5.89	5.98	6.06	6.15	6.24
每千人拥有卫生机构病床数	4.97	5.37	5.80	6.20	6.76
人均城市道路面积	12.29	13.39	14.60	15.91	17.35
移动电话年末用户数	335.00	377.00	425.00	486.00	541.00
城镇恩格尔系数	30.80	30.30	29.80	29.30	28.80
农村恩格尔系数	36.50	35.50	34.60	33.80	32.90
人均保险费用	1 007.00	1 168.00	1 355.00	1 571.00	1 822.00
城镇登记失业率	2.96	2.88	2.80	2.71	2.64
每百人公共图书馆藏书	19.45	21.14	22.97	24.95	27.11
每万人大学生数	148.60	152.50	155.60	159.10	162.80
科研机构 R&D 人员数	6 228.00	6 175.00	6 123.00	6 071.00	6 020.00
社会发展指数	0.68	0.67	0.66	0.65	0.64
区域经济总量	18 141 139	20 539 624	23 255 219	26 329 848	29 810 983
资源型产业占工业总产值比重	0.78	0.79	0.79	0.79	0.80

续表

指标名称	2013e	2014e	2015e	2016e	2017e
产业结构系数	1.00	1.00	1.00	1.00	1.00
资源产出率	1.01	1.08	1.16	1.24	1.33
单位 GDP 能耗降低率	7.59	8.41	9.31	10.31	11.42
科研投入占 GDP 比例	0.04	0.05	0.06	0.07	0.08
有效发明专利数	75.00	103.00	143.00	198.00	274.00
区域的全要素生产率	0.12	0.12	0.12	0.12	0.12
技术改造投入	146 597	121 162	100 140	82 765	68 405
购买国内技术经费	1 681.00	1 671.00	1 661.00	1 650.00	1 641.00
技术引进投入	250.00	250.00	251.00	252.00	252.00

5.4.3 基于惩罚型变权的警情评价

1. 指标标准化

根据第四章公式(4-40)和公式(4-41)分别对平顶山市可持续发展预警指标的原始数据(含预测数据)进行标准化,结果如表5-17所示。

2. 变权

根据平顶山市可持续发展预警指标的数据以及公式(4-43)和上一节综合赋权法所得的静态权重(表5-9),可得平顶山市可持续发展预警指标局部变权向量与变权的结果(见表5-18、表5-19)。

5.4 基于惩罚型变权的平顶山市可持续发展预警

表 5-17　平顶山市可持续发展预警指标标准化结果

	2005	2006	2007	2008	2009	2010	2011	2012	2013	2014	2015	2016	2017
矿产资源禀赋系数	0.417	0.434	0.606	0.542	0.746	0.654	0.831	0.844	0.865	0.878	0.889	0.899	0.908
矿产资源储采比	0.640	0.626	0.763	0.636	0.827	0.687	0.782	0.868	0.820	0.843	0.853	0.857	0.861
饮用水源地水质达标率	0.865	0.865	0.865	0.865	0.865	0.865	0.865	0.865	0.865	0.865	0.865	0.865	0.865
区域环境噪声	0.858	0.854	0.855	0.853	0.854	0.852	0.854	0.854	0.854	0.854	0.853	0.853	0.853
绿化覆盖率	0.582	0.532	0.723	0.766	0.797	0.809	0.814	0.837	0.861	0.868	0.875	0.881	0.887
空气质量指数	0.580	0.675	0.810	0.862	0.859	0.828	0.836	0.843	0.850	0.853	0.856	0.859	0.861
生活污水集中处理率	0.676	0.854	0.753	0.761	0.856	0.859	0.855	0.855	0.857	0.859	0.859	0.862	0.863
工业固体废弃物综合利用率	0.623	0.640	0.688	0.689	0.722	0.764	0.768	0.774	0.815	0.841	0.853	0.858	0.862
生活垃圾无害化处理率	0.865	0.854	0.803	0.808	0.804	0.824	0.851	0.852	0.845	0.848	0.850	0.851	0.851
生态服务功能价值	0.540	0.525	0.624	0.716	0.742	0.087	0.866	0.880	0.870	0.882	0.893	0.903	0.913
人口密度	0.860	0.859	0.859	0.858	0.857	0.850	0.845	0.840	0.827	0.814	0.802	0.790	0.778
人口自然增长率	0.865	0.864	0.851	0.863	0.866	0.726	0.827	0.860	0.823	0.810	0.800	0.788	0.776

第 5 章　基于生态创新的矿产资源密集型区域可持续发展评价的案例

续表

	2005	2006	2007	2008	2009	2010	2011	2012	2013	2014	2015	2016	2017
每千人拥有卫生机构病床数	0.559	0.591	0.611	0.698	0.745	0.822	0.853	0.861	0.873	0.883	0.891	0.898	0.907
人均城市道路面积	0.365	0.429	0.644	0.781	0.794	0.803	0.803	0.865	0.877	0.887	0.896	0.905	0.913
移动电话年末用户数	0.356	0.462	0.545	0.648	0.732	0.778	0.858	0.872	0.888	0.900	0.911	0.923	0.930
城镇恩格尔系数	0.864	0.870	0.871	0.871	0.880	0.880	0.879	0.882	0.885	0.886	0.888	0.890	0.892
农村恩格尔系数	0.771	0.782	0.804	0.825	0.833	0.846	0.856	0.862	0.863	0.867	0.870	0.873	0.877
人均保险费用	0.308	0.308	0.332	0.612	0.648	0.855	0.859	0.822	0.887	0.903	0.916	0.928	0.938
城镇登记失业率	0.826	0.783	0.850	0.870	0.854	0.862	0.859	0.871	0.873	0.877	0.880	0.884	0.887
每百人公共图书馆藏书	0.612	0.619	0.555	0.636	0.786	0.799	0.820	0.866	0.874	0.884	0.893	0.902	0.910
每万人大学生数	0.394	0.655	0.689	0.738	0.849	0.850	0.849	0.683	0.831	0.850	0.853	0.857	0.860
科研机构 R&D 人员数	0.676	0.627	0.737	0.838	0.868	0.790	0.612	0.661	0.723	0.717	0.711	0.704	0.699
社会发展指数	0.816	0.829	0.838	0.850	0.852	0.752	0.757	0.772	0.741	0.730	0.719	0.708	0.697
区域经济总量	0.346	0.414	0.501	0.649	0.698	0.812	0.861	0.862	0.887	0.900	0.911	0.922	0.931

5.4 基于惩罚型变权的平顶山市可持续发展预警

续表

	2005	2006	2007	2008	2009	2010	2011	2012	2013	2014	2015	2016	2017
资源型产业占工业总产值比重	0.681	0.706	0.704	0.693	0.722	0.681	0.696	0.686	0.686	0.682	0.680	0.676	0.673
产业结构系数	0.850	0.850	0.849	0.849	0.849	0.849	0.849	0.849	0.849	0.849	0.849	0.849	0.849
资源产出率	0.507	0.564	0.621	0.751	0.784	0.850	0.840	0.855	0.869	0.878	0.886	0.894	0.901
单位GDP能耗降低率	0.370	0.461	0.486	0.694	0.739	0.400	0.371	0.890	0.858	0.872	0.884	0.896	0.906
科研投入占GDP比例	0.079	0.218	0.323	0.592	0.521	0.623	0.691	0.862	0.882	0.900	0.918	0.931	0.943
有效发明专利数	0.047	0.152	0.170	0.111	0.252	0.334	0.563	0.910	0.440	0.604	0.838	0.890	0.921
区域的全要素生产率	0.878	0.852	0.515	0.495	0.355	0.735	0.479	0.753	0.590	0.585	0.585	0.585	0.580
技术改造投入	0.151	0.858	0.904	0.475	0.613	0.513	0.412	0.337	0.284	0.235	0.194	0.160	0.132
购买国内技术经费	0.568	0.856	0.654	0.205	0.579	0.736	0.882	0.392	0.632	0.628	0.624	0.620	0.617
技术引进投入	0.757	0.832	0.877	0.650	0.690	0.706	0.720	0.692	0.706	0.706	0.709	0.712	0.712

表 5-18　平顶山市可持续发展预警指标局部变权向量

指标	2005	2006	2007	2008	2009	2010	2011	2012	2013	2014	2015	2016	2017
矿产资源禀赋系数	1.423	1.404	1.220	1.286	1.088	1.173	1.015	1.005	1.000	1.000	1.000	1.000	1.000
矿产资源储采比	1.187	1.200	1.073	1.190	1.019	1.142	1.057	1.000	1.025	1.006	1.000	1.000	1.000
饮用水源地水质达标率	1.000	1.000	1.000	1.000	1.000	1.000	1.000	1.000	1.000	1.000	1.000	1.000	1.000
区域环境噪声	1.000	1.000	1.000	1.000	1.000	1.000	1.000	1.000	1.000	1.000	1.000	1.000	1.000
绿化覆盖率	1.244	1.296	1.110	1.071	1.044	1.034	1.030	1.010	1.000	1.000	1.000	1.000	1.000
空气质量指数	1.246	1.153	1.033	1.000	1.000	1.018	1.012	1.005	1.000	1.000	1.000	1.000	1.000
生活污水集中处理率	1.153	1.000	1.083	1.075	1.000	1.000	1.000	1.000	1.000	1.000	1.000	1.000	1.000
工业固体废弃物综合利用率	1.203	1.186	1.142	1.140	1.110	1.073	1.069	1.064	1.029	1.007	1.000	1.000	1.000
生活垃圾无害化处理率	1.000	1.000	1.039	1.035	1.038	1.022	1.000	1.000	1.004	1.002	1.000	1.000	1.000
生态服务功能价值	1.287	1.303	1.203	1.115	1.092	1.864	1.000	1.000	1.000	1.000	1.000	1.000	1.000
人口密度	1.000	1.000	1.000	1.000	1.000	1.000	1.004	1.008	1.019	1.030	1.040	1.050	1.060
人口自然增长率	1.000	1.000	1.000	1.000	1.000	1.106	1.019	1.000	1.023	1.033	1.042	1.052	1.062
每千人拥有卫生机构病床数	1.268	1.235	1.215	1.132	1.090	1.023	1.000	1.000	1.000	1.000	1.000	1.000	1.000
人均城市道路面积	1.485	1.409	1.183	1.058	1.047	1.039	1.039	1.000	1.000	1.000	1.000	1.000	1.000
移动电话年末用户数	1.496	1.372	1.282	1.179	1.101	1.060	1.000	1.000	1.000	1.000	1.000	1.000	1.000
城镇恩格尔系数	1.000	1.000	1.000	1.000	1.000	1.000	1.000	1.000	1.000	1.000	1.000	1.000	1.000
农村恩格尔系数	1.067	1.057	1.038	1.020	1.014	1.003	1.000	1.000	1.000	1.000	1.000	1.000	1.000

5.4 基于惩罚型变权的平顶山市可持续发展预警

续表

指标	2005	2006	2007	2008	2009	2010	2011	2012	2013	2014	2015	2016	2017
人均保险费用	1.555	1.556	1.525	1.214	1.179	1.000	1.000	1.023	1.000	1.000	1.000	1.000	1.000
城镇登记失业率	1.019	1.056	1.000	1.000	1.000	1.000	1.000	1.000	1.000	1.000	1.000	1.000	1.000
每百人公共图书馆藏书	1.214	1.207	1.272	1.191	1.054	1.042	1.025	1.000	1.000	1.000	1.000	1.000	1.000
每万人大学生数	1.450	1.173	1.140	1.096	1.001	1.000	1.000	1.146	1.016	1.000	1.000	1.000	1.000
科研机构 R&D 人员数	1.153	1.200	1.096	1.010	1.000	1.050	1.215	1.167	1.109	1.115	1.120	1.126	1.131
社会发展指数	1.028	1.018	1.010	1.000	1.000	1.083	1.079	1.066	1.093	1.103	1.113	1.122	1.132
区域经济总量	1.509	1.427	1.329	1.178	1.132	1.032	1.000	1.000	1.000	1.000	1.000	1.000	1.000
资源型产业占工业总产值比重	1.148	1.125	1.126	1.136	1.110	1.147	1.134	1.143	1.143	1.147	1.149	1.152	1.156
产业结构系数	1.000	1.000	1.001	1.001	1.001	1.001	1.001	1.001	1.001	1.001	1.001	1.001	1.001
资源产出率	1.323	1.263	1.206	1.084	1.056	1.000	1.008	1.000	1.000	1.000	1.000	1.000	1.000
单位 GDP 能耗降低率	1.479	1.373	1.346	1.136	1.095	1.444	1.478	1.000	1.000	1.000	1.000	1.000	1.000
科研投入占 GDP 比例	1.875	1.674	1.537	1.234	1.307	1.203	1.138	1.000	1.000	1.000	1.000	1.000	1.000
有效发明专利数	1.925	1.766	1.741	1.826	1.628	1.523	1.264	1.000	1.397	1.222	1.010	1.000	1.000
区域的全要素生产率	1.000	1.000	1.314	1.336	1.497	1.098	1.353	1.083	1.236	1.241	1.241	1.241	1.246
技术改造投入	1.768	1.000	1.000	1.357	1.213	1.317	1.429	1.520	1.587	1.652	1.708	1.755	1.795
购买国内技术经费	1.258	1.000	1.173	1.692	1.248	1.098	1.000	1.453	1.195	1.199	1.202	1.206	1.210
技术引进投入	1.079	1.015	1.000	1.178	1.139	1.125	1.112	1.138	1.125	1.125	1.122	1.119	1.119

表 5-19 平顶山市可持续发展预警指标局部变权权重

	2005	2006	2007	2008	2009	2010	2011	2012	2013	2014	2015	2016	2017
矿产资源禀赋系数	0.027	0.029	0.025	0.027	0.024	0.025	0.023	0.023	0.023	0.023	0.023	0.023	0.023
矿产资源储采比	0.027	0.029	0.026	0.029	0.026	0.029	0.028	0.027	0.027	0.027	0.027	0.027	0.027
饮用水源地水质达标率	0.024	0.026	0.026	0.027	0.028	0.027	0.028	0.029	0.029	0.029	0.029	0.029	0.029
区域环境噪声	0.021	0.022	0.023	0.023	0.024	0.023	0.024	0.025	0.025	0.025	0.025	0.025	0.025
绿化覆盖率	0.029	0.033	0.029	0.028	0.028	0.028	0.029	0.029	0.028	0.028	0.028	0.028	0.028
空气质量指数	0.030	0.029	0.027	0.026	0.027	0.027	0.028	0.029	0.028	0.028	0.029	0.029	0.028
生活污水集中处理率	0.025	0.023	0.026	0.026	0.025	0.025	0.026	0.026	0.026	0.026	0.026	0.026	0.026
工业固体废弃物综合利用率	0.026	0.027	0.027	0.027	0.027	0.026	0.027	0.028	0.026	0.026	0.026	0.026	0.026
生活垃圾无害化处理率	0.021	0.023	0.024	0.024	0.025	0.025	0.025	0.026	0.026	0.026	0.026	0.026	0.026
生态服务功能价值	0.034	0.037	0.035	0.032	0.033	0.056	0.031	0.032	0.032	0.032	0.032	0.032	0.032
人口密度	0.019	0.020	0.020	0.020	0.021	0.021	0.022	0.022	0.022	0.023	0.023	0.023	0.023
人口自然增长率	0.019	0.020	0.021	0.021	0.022	0.024	0.023	0.023	0.023	0.023	0.024	0.024	0.024
每千人拥有卫生机构病床数	0.024	0.025	0.025	0.024	0.024	0.022	0.023	0.023	0.023	0.023	0.023	0.023	0.023
人均城市道路面积	0.028	0.028	0.024	0.022	0.022	0.022	0.023	0.022	0.022	0.022	0.022	0.022	0.022
移动电话年末用户数	0.028	0.027	0.026	0.024	0.023	0.022	0.022	0.022	0.022	0.022	0.022	0.022	0.022
城镇恩格尔系数	0.020	0.021	0.021	0.022	0.023	0.022	0.023	0.024	0.023	0.023	0.024	0.024	0.023
农村恩格尔系数	0.021	0.022	0.022	0.022	0.023	0.022	0.023	0.024	0.023	0.024	0.024	0.024	0.024

5.4 基于惩罚型变权的平顶山市可持续发展预警

续表

	2005	2006	2007	2008	2009	2010	2011	2012	2013	2014	2015	2016	2017
人均保险费用	0.029	0.031	0.031	0.025	0.025	0.021	0.022	0.023	0.022	0.022	0.022	0.022	0.022
城镇登记失业率	0.020	0.022	0.021	0.022	0.022	0.022	0.023	0.024	0.023	0.023	0.024	0.024	0.023
每百人公共图书馆藏书	0.023	0.024	0.026	0.024	0.022	0.022	0.022	0.022	0.022	0.022	0.022	0.022	0.022
每万大学生数	0.030	0.025	0.025	0.024	0.023	0.023	0.024	0.028	0.025	0.024	0.024	0.024	0.024
科研机构 R&D 人员数	0.024	0.026	0.024	0.023	0.023	0.024	0.029	0.029	0.027	0.027	0.028	0.028	0.028
社会发展指数	0.023	0.024	0.024	0.024	0.025	0.027	0.028	0.028	0.029	0.029	0.029	0.030	0.030
区域经济总量	0.038	0.038	0.037	0.033	0.033	0.029	0.030	0.030	0.030	0.030	0.030	0.030	0.030
资源型产业占工业总产值比重	0.028	0.029	0.030	0.031	0.031	0.032	0.033	0.034	0.033	0.034	0.034	0.034	0.034
产业结构系数	0.027	0.029	0.030	0.030	0.031	0.031	0.032	0.033	0.032	0.032	0.033	0.033	0.032
资源产出率	0.036	0.037	0.036	0.033	0.033	0.031	0.033	0.033	0.033	0.033	0.033	0.033	0.033
单位 GDP 能耗降低率	0.043	0.042	0.042	0.036	0.036	0.047	0.050	0.035	0.034	0.035	0.035	0.035	0.035
科研投入占 GDP 比例	0.054	0.051	0.048	0.039	0.043	0.039	0.038	0.034	0.034	0.034	0.034	0.034	0.034
有效发明专利数	0.055	0.054	0.055	0.058	0.054	0.050	0.043	0.035	0.048	0.042	0.035	0.034	0.034
区域的全要素生产率	0.032	0.034	0.046	0.047	0.055	0.040	0.050	0.041	0.047	0.047	0.047	0.047	0.047
技术改造投入	0.051	0.031	0.031	0.043	0.040	0.043	0.048	0.052	0.054	0.057	0.059	0.060	0.062
购买国内技术经费	0.036	0.030	0.036	0.052	0.040	0.035	0.033	0.049	0.040	0.040	0.041	0.041	0.041
技术引进投入	0.030	0.030	0.031	0.036	0.037	0.036	0.037	0.038	0.038	0.038	0.038	0.038	0.037

5.4.4 平顶山市可持续发展警情评价及其分析

1. 预警综合评价结果

将表 5-17 中的标准化后的数据代入公式（4-49）和公式（4-50）中，分别应用静态权和变权计算平顶山市可持续发展的预警系统及各子系统的警情综合评价指数，如表 5-20 所示。

根据预警综合评价指数和警级的确定，可以得出平顶山市可持续发展和各子系统的警情动态发展趋势情况，如图 5-8 所示。

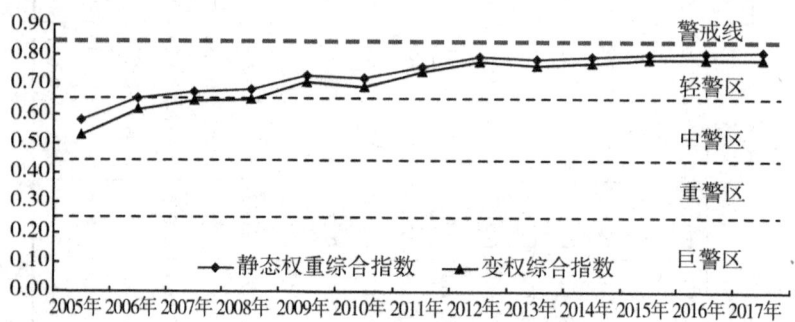

图 5-8 平顶山市可持续发展警情动态发展趋势图

2. 结果分析

从表 5-20 可以看出：常权评价和变权评价结果的发展趋势是一致的，只是由于采用惩罚型"变权"，使得某些指标由于低于其惩罚水平而由局部"变权"，最终导致权重加大，使变权评

5.4 基于惩罚型变权的平顶山市可持续发展预警

表 5-20　平顶山市可持续发展预警系统及各子系统的警情综合评价指数

年份	综合评价结果		自然生态环境子系统		社会子系统		经济子系统	
	静态权重综合指数	变权综合指数	静态权重综合指数	变权综合指数	静态权重综合指数	变权综合指数	静态权重综合指数	变权综合指数
2005	0.583	0.531	0.664	0.648	0.640	0.605	0.476	0.531
2006	0.654	0.616	0.685	0.667	0.672	0.646	0.616	0.616
2007	0.677	0.648	0.749	0.743	0.710	0.690	0.597	0.648
2008	0.684	0.652	0.753	0.745	0.778	0.771	0.555	0.652
2009	0.733	0.712	0.807	0.805	0.814	0.811	0.612	0.712
2010	0.723	0.693	0.712	0.657	0.816	0.815	0.655	0.693
2011	0.762	0.744	0.833	0.832	0.820	0.816	0.663	0.744
2012	0.795	0.779	0.848	0.848	0.822	0.818	0.734	0.779
2013	0.787	0.768	0.851	0.850	0.841	0.840	0.694	0.768
2014	0.796	0.777	0.859	0.859	0.845	0.842	0.708	0.777
2015	0.807	0.787	0.865	0.865	0.846	0.843	0.731	0.787
2016	0.810	0.788	0.869	0.869	0.847	0.844	0.736	0.788
2017	0.813	0.788	0.873	0.873	0.848	0.844	0.738	0.788

价结果偏低于常权评价的结果。这验证了使用"变权"评价具有一定的可比性并可以达到惩罚低水平因子的目的,从而有助于提高决策者对区域可持续发展中存在问题的进一步重视。由于可持续发展在一定程度上具有不可逆的特点,而使用变权评价可以提高可持续发展预警评价的预防功能。因此,下文主要是对平顶山市可持续发展预警的变权评价结果做进一步的分析。

从平顶山市可持续发展的变权评价综合指数的动态变化趋势(图 5-8)可以看出,2005—2012 年,其综合指数呈现出波动上升的趋势,而且总体位于轻警区间。其中 2005—2007 年处于中警区间;2008—2012 年一直处于轻警区。在此期间,警情评价指数呈现出上下波动趋势,这说明了平顶山市可持续发展存在不稳定趋势。同时,通过预测,如果保持目前发展趋势不作出积极有效的调控,2013—2017 年间平顶山市可持续发展指数保持并处于轻警区间。为了保证平顶山市可持续发展水平逐步得到提高,平顶山市在当前乃至今后一段更远时期内必须作出积极有效的调控措施,以改变目前平顶山市可持续发展所表现出的不利态势。

从平顶山市可持续发展的子系统的预警变权指数动态变化趋势(图 5-9)可以进一步看出,自然生态环境系统预警变权指数虽然有所波动,但其主要向有利方向发展,这说明了平顶山市目前的经济和社会发展对其自然生态环境所造成的破坏将会趋减。经济子系统的预警变权指数和社会子系统的预警变权指数发展趋势一样,也是在波动中趋于朝有利方向发展。但经济子系统的评价指数略低于社会子系统和自然生态环境子系统。因此,造成平顶山市可持续发展总体趋势呈现出上述走势的主要原因是自然生态环境子系统和经济子系统的变动,由于其波

5.4 基于惩罚型变权的平顶山市可持续发展预警

动带动总体趋势的变化。

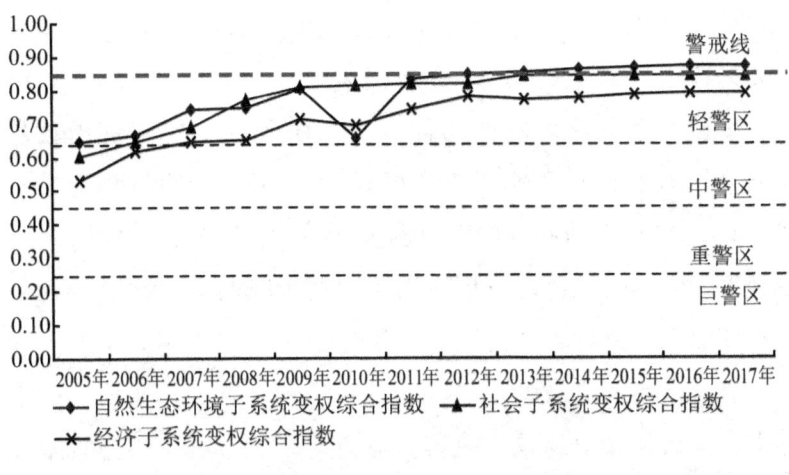

图 5-9 平顶山市可持续发展子系统变权评价的警情动态发展趋势图

平顶山市可持续发展的自然生态系统预警变权评价指数从 2005 年 0.648 上升到 2012 年的 0.850。期间,在 2005 年处于中警区,在随后的 2006—2012 年,一直在轻警区波动,且向无警区发展。主要是因为近几年来,平顶山市政府采取一系列措施加大了对区域生态环境的保护,加强了区域生态环境的建设力度,对防护造林特别给予重视与支持,平顶山市的区域自然生态环境因此得到了有效改善,生态环境变化态势趋向好转,同时也促进了平顶山市由矿产资源密集型区域向新型能源和工业基地的转变。2005—2012 年,其饮用水源地水质达标率均为 100%;绿化覆盖率稳步提升,由 2005 年的 27.4%上升至 2012 年的 39.4%;空气质量指数、生活污水集中处理率、工业固体废弃物综合利用率、生活垃圾无害化处理率也逐步提高,生态环境服务功能价值也呈现出逐年上升的趋势。同时通过研究预测发现：在各预警指标的相互作用下，2013—2017 年，平顶山市可持续发展的自然生态环境系统预警变权指数总体趋于稳定，均保持在 0.85 以上，这将对提高平顶山市可持续发展水平有着重要的作用。

平顶山市可持续发展的社会子系统预警变权评价指数从 2005 年的 0.605 上升到 2012 年的 0.818，总体上呈现出上升趋势。其在 2005—2006 年位于中警区，在随后的 2007—2012 年处于轻警区，且向无警区发展。出现上述情况的主要原因是近年来平顶山市委市政府坚持把民生工作作为一切工作的出发点和落脚点，出台多项保民生措施，城乡交通、电力、通信、饮水等生产生活条件得到较大改善，努力构建覆盖城乡的公共服务体系。2005—2012 年，每千人拥有卫生机构病床数、人均城市道路面积、移动电话年末用户数、人均保险费用、每百人公共图书馆藏书、每万人大学生数等均呈现出稳步增长的趋势；随着其社会发展指数的提高，人民的收入水平也得到了极大提高。2012 年城镇居民人均可支配收入和农村居民人均纯收入分别是 2005 年的 2 倍多，在全省率先建立了全民医保、农村低保和高中阶段贫困生救助等制度。进而，使其城镇和农村恩格尔系数和城镇登记失业率呈现出下降趋势；但同时也应看到，在此期间，平顶山市的人口密度呈现出增加的趋势，而科研机构 R&D 人员数呈现出下降趋势，这在一定程度上对平顶山市的可持续发展产生了不利的影响，应引起相关部门的重视。因为，科研机构 R&D 人员数、技术改造投入、购买国内技术经费、技术引进投入这几个是反映平顶山市创新潜力和创新能力的重要指标，他们均呈现波动趋势，没有显著增加，有些指标甚至出现连续几年下滑，这均说明该区域对创新能力建设的重视不够，或者

5.4 基于惩罚型变权的平顶山市可持续发展预警

说没有能够采取有效的增强区域创新能力的措施。

同时通过研究预测发现：在各预警指标的相互作用下，2013—2017年，平顶山市可持续发展的社会子系统预警变权指数总体趋于稳定，均保持在0.844左右。这说明，如果提高目前的社会发展水平，将对平顶山市的可持续发展做出重要贡献。

平顶山市可持续发展的经济子系统预警变权评价指数从2005年的0.531上升到2012年的0.779。其中，2005—2007年处于中警区，随后上升至轻警区域，但发展速度较慢。根本原因在于，平顶山市虽然一直在进行着矿产资源型产业的接续与替代，但其长期形成的以优势资源为基础、资源型产业比重过大的产业结构特征并没有得到根本转变，对矿产资源仍具有较强的依赖性。其矿产资源型产业占工业的比重在2005—2012年期间均在70%以上，显然，截至目前，平顶山市对产业结构的调整效果很不明显，仍然处于资源型产业所占比重较大、对优势资源的依赖性较强的状况。从其产业结构系数可以看出，2005—2012年其产业结构系数始终小于1，在其三产结构中，第二产业所占比重始终远高于河南省和全国的水平；并且其第三产业在整个产业体系中所占比重始终小于全国的比重，总体小于河南省的比重。这说明平顶山市的第二产业支撑着该市经济社会的发展，并仍然存在着"一业独大"的发展特点。其次，从其全要素生产率和生态创新活力三个指标以及资源产出率等指标来看，这些指标在研究期间对其经济增长的贡献没有充分发挥出来。正是这些指标的共同作用导致了2005—2012年平顶山市可持续发展的经济子系统预警变权评价指数呈现出增长缓慢的态势。通过预测的结果表明，在各预警指标的相互作用下，2013—2017年，平顶山市可持续发展经济子系统预警变权指数将始终保持在轻警区间。如果不采取积极有效的措施，平顶山市可持续发展的经济子系统的发展态势将对平顶山市可持续发展起到阻碍作用。

5.5 本章小结

本章根据前文对矿产资源密集型区域的界定，选取了平顶山市这一典型的矿产资源密集型区域作为实证研究对象，在对相关数据收集处理的基础上对平顶山市的可持续发展评价和预警进行了实证研究。从评价和预警的结果可以看出，平顶山市政府采取一系列措施加大了对区域生态环境的保护，加强了区域生态环境的建设力度，对防护造林特别给予重视与支持，平顶山市的区域自然生态环境因此得到了有效改善，生态环境变化态势趋向好转；但在这期间，平顶山市科研机构 R&D 人员数、技术改造投入、购买国内技术经费、技术引进投入这几个反映创新潜力和创新能力的指标均呈现波动趋势，没有显著增加，有些指标甚至连续几年出现下滑，这均说明该区域对创新能力建设的重视不够，或者说没有能够采取有效的增强区域创新能力的措施。反映到其经济子系统上的结果，就是其经济可持续发展水平始终处于有警情的状态，发展速度较慢，产业结构仍以优势资源为基础，对资源的依赖性较强，资源型产业所占比重过大，在这种状况下，如果不采取积极有效的措施，平顶山市的经济发展前景堪忧，到某一时期，当矿产资源价格下跌或替代资源广泛使用或矿产资源衰竭时，平顶山市的经济发展必然受阻，进而导致平顶山市的整体发展出现问题。

第6章　基于生态创新的矿产资源密集型区域可持续发展路径选择

　　基于生态创新的矿产资源密集型区域可持续发展是一个系统概念，单纯的某一或某些因素的改变可能会形成区域某一方面或某一个子系统的快速发展，或者是区域短时期内的快速发展，但如果忽视了其他因素的影响，就会造成区域内三个子系统之间发展的不均衡、不协调，进而影响到该区域发展的可持续。因此，要想形成矿产资源密集型区域的长期竞争优势，保证矿产资源密集型区域的可持续发展，就要依据生态创新理论，从可持续发展系统的整体性出发，探索能够提升矿产资源密集型区域可持续发展水平的路径。根据第三章基于生态创新的矿产资源密集型区域可持续发展目标、系统框架及运行机制，结合第五章案例分析结果，下文从社会路径、经济路径、资源路径、环境路径四个方面探讨基于生态创新的矿产资源密集型区域的可持续发展能力建设(图6-1)。

　　基于生态创新的矿产资源密集型区域可持续发展路径选择是以生态创新为基本理念，通过生态创新驱动和区域自然禀赋优势相结合推动的社会路径、经济路径、资源路径、环

第6章 基于生态创新的矿产资源密集型区域可持续发展路径选择

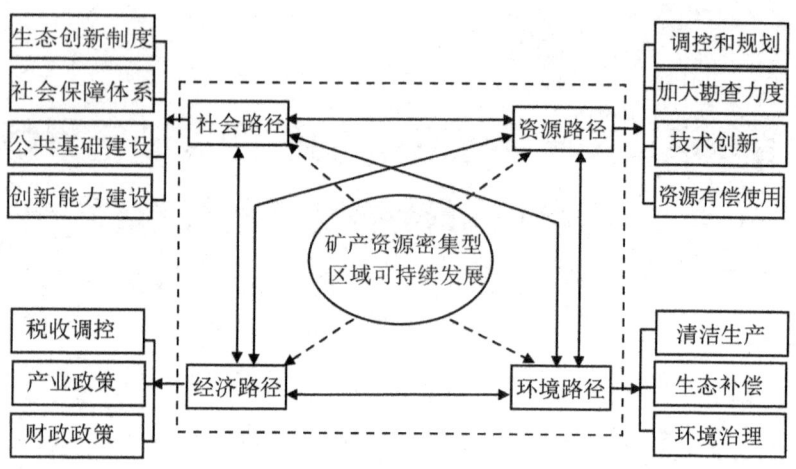

图 6-1 基于生态创新的矿产资源密集型区域可持续发展路径选择

境路径协调发展的路径选择。在社会路径方面：加强生态创新制度建设；建立与健全社会保障体系；完善公共基础建设；促进创新能力建设。在经济路径方面：制定资源有偿使用政策，重视资源收益的合理分配；采用积极的财政政策，加大创新投入，促进非矿产业的快速发展；构建多元化产业体系；利用税收调节，促进三个产业的协调发展。在资源路径方面：加强政府对矿产资源的调控和规划，保证矿产资源的科学有序开发；采用先进的生态创新技术，加大矿产资源的勘察力度，提高矿产资源的开采率和利用率；充分寻找和利用新能源，替代传统能源的使用，减轻环境污染程度。在环境路径方面：制定环境保护政策并加大对环保产业的投入；建立生态补偿制度，改善和修复区域生态环境；推行清洁生产，变末端治理为源头预防。

6.1 矿产资源密集型区域可持续发展的社会路径

6.1.1 加强生态创新制度建设

一个社会的制度有正式制度和非正式制度两种[200]。正式制度，是指以某种明确的形式确定的一些行为规范，这些行为规范由行为人所在的组织进行监督或用强制力保证实施，包括各种法律、法规、规章、政策、契约等。非正式制度，是指在人类社会不断发展的过程中逐渐形成的并被社会大多数人认可并遵守的行为规范，主要包括人们的价值观、财富观、道德观、思想意识形态、文化传统等。非正式制度和正式制度相比具有自发性、广泛性、持续性和非强制性的特点[201]。非正式制度为正式制度的形成提供了基础，也是确保正式制度能够发挥有效作用的必要条件。非正式制度在与正式制度不断的冲突、磨合中可以逐渐演化为正式制度的一部分。

非正式制度因其持续性的特点很难做到迅速的变迁，它往往要靠人与人之间长时期的相互学习或者是模仿才能获得。矿产资源密集型区域应结合区域内污染严重、污染源多、生态损害严重的特点，加强对公众的生态创新宣传教育，利用电视、广播、报刊、网络等多种媒介手段和多种方式进行广泛宣传，积极倡导生态消费，促进和培养区域内公民的环境保护参与意识，提高公民的生态道德素质，改变公众传统的消费观、价值观、财富观、伦理观和生活方式，树立与环境相协调的公众道德观念和生活习惯，自觉自愿地形成对自然生态环境有利的生态生活方式和生态消费方式，通过社会各行业、各社区、各家各户之间形成的物质能量多层次交换网络，使社会走上整体良性循环的轨道，共同营造一个和谐文明的资源节约型和环境友好型社会。

在矿产资源型企业内部，要结合行业特点，既要做好全面的生态创新宣传教育活动，普及生态环保知识，又要做好对生态创新技术扩散行为的鼓励和引导，通过典型案例宣传，提高企业所有员工对企业采用生态创新技术的必要性和重要性的认识。引导并增强企业员工的资源忧患意识，把创新技术、科学开发、节约利用、循环使用和加强生态环境保护等生态创新观念变成企业员工的自觉行为。以生态创新教育影响员工，以员工生态创新行为改变矿区，逐步形成生态环保的生活方式、消费方式和创新技术的企业生产方式。通过生态创新各种活动的开展，逐步提高企业管理者和广大员工对生态创新的认识，充分调动员工参与企业生态技术创新的积极性，逐渐形成企业的生态创新文化氛围。

同时，生态创新正式制度的建立（如中华人民共和国环境保护法等）会对生态创新非正式制度产生一定的促进作用。一定形式的生态创新制度安排会促使与之相适应的生态创新文化、观念、风俗习惯等非正式制度的形成。生态创新正式制度可以强化人们对自我行为的约束，引导人们树立先进的基于生态创新的价值观、财富观和可持续发展观，不断转变人们的传统观念和思维模式，促进生态创新非正式制度的快速发展。

6.1.2 建立与健全社会保障体系

利用密集的矿产资源形成的区域财富,建立健全区域的社会保障体系,是矿产资源密集型区域经济发展和社会发展的共同需要。同时,完善的社会保障体系既可以促进社会的稳定和公平,也可以促进经济的生态发展。在矿产资源的开发利用过程中、矿产资源产业不断发展中,会造成农民失地、工人失业、矿业人员出现职业病和常见病等现象,这些都需要社会保障和医疗卫生服务。积极完善城、乡居民最低生活保障制度、各种社会保险制度、医疗卫生服务体系、社会救助制度,积极建设社会保障服务设施和社会保障管理服务网络,推动矿产资源密集型区域的社会稳定发展。

建立职业技能培训体系,加大对农民、失业工人以及适龄无业人员的就业培训力度,优先建设能够带动就业的政府投资项目,制定优惠政策鼓励发展劳动密集型产业和服务业,鼓励自主创业,完善人力资源服务体系,最大程度地提高矿产资源密集型区域的就业率和农村剩余劳动力的转移程度。

6.1.3 加快公共基础设施建设

矿产资源密集型区域的公共基础设施包括农村公共基础设施、矿区公共基础设施和城市公共基础设施。农村公共基础设施具有明显的外部效应,但因农民普遍属于低收入群体,所以政府应该加大投入、无偿投入,建立稳定的资金投入机制。对农民急需的、农业发展急需的、有利于农村长远发展的公共基础设施应该早建、快建。要加强农村公共基础设施的维护和管理,不能建而不管,建了再建,以免造成资源的极大浪费。

对城市的区域功能定位应科学规划,根据规划完善教育、休闲、商贸等公共服务设施建设,加大城市供水、供气、排污等市政公用设施的建设改造力度。加快污水处理和大气污染防治等环保项目的建设。

加快矿区废弃地的整理和绿化,完善交通运输网络,推动矿城一体化建设,促进城市公用设施向矿区的快速延伸。

6.1.4 加快创新能力建设

区域的创新能力直接决定着该区域的可持续发展能力。正如前文所述平顶山市因其创新能力的欠缺影响到其经济发展,进而影响到平顶山市整体的可持续发展。要想加快矿产资源密集型区域创新能力建设,第一,应加大创新资源投入,主要是指经费投入和人员投入。其中,R&D投入经费和科研人员数量是最重要的创新资源。同时应加大教育科技方面的投入,加强创新思维的培训,加快高科技人才的引进和培养。第二,应加强区域创新设施建设,区域创新设施是区域创新的一个基本条件之一,包括:基础设施(如道路交通等)、知识设施(如图书馆、实验室、先进的仪器设备等)和信息设施(如局域网、通信器材等)。第三,应加强企业为主体的产、学、研合作。政府要提供相应的条件,引导企业、高校之间的深度合作,搭建企业、高等院校和研究机构之间的合作平台,促进高等院校和科研院所创新成果的转化。第四,应加强有利于创新的制度体系建设,重视对创新行为的引导与激励,为创新提供所需的特殊条件和优惠条件。

6.2 矿产资源密集型区域可持续发展的经济路径

6.2.1 税收调控

矿产资源密集型区域应通过税收调控，促进矿产资源产业向非矿产业的转型。对污染型、高能耗型的产业加重税收，促使其改进技术或者转型发展。对无污染、轻污染、高科技、创新型、服务型产业应减税或免税，利用税收调控，实现经济发展与环境保护的协调统一，建立起以节能减排、清洁生产、科技生产为中心的节能环保型工业生产体系。同时，应逐步完善税收-价格调控机制，既为区域的可持续发展提供财力保障，又能反映资源的稀缺程度和供求关系。通过税收杠杆作用的有效发挥，还能提高资源利用效率，避免资源浪费。税收调控的可持续效应能够促进矿、农之间的协调发展和代际之间资源使用的公平。

6.2.2 产业政策

转变矿业发展模式，发展绿色矿业，要求采用先进的技术和环保的手段促进矿产资源开采科学、利用高效、矿地和谐，实现经济效益、生态效益、社会效益的协调发展。依托生态创新，促进矿产资源产业转型，构建多元化产业体系。依靠创新，推进资源产业上下游产业链的延伸，增加矿产品的附加值，推动矿产资源产业向与其相关的非矿产业发展。开展"一矿一业"

活动(即一个矿办一个非矿企业),实现矿企和社会双赢。实施以矿补农、以矿助农,促进区域农业的发展。结合矿产资源产业的发展导向大力发展特色服务业(如工程咨询等);积极发展与民生相关的其他服务业。依托原有产业,以科技含量、环保水平、吸纳就业能力为标准打造产业集群;依托创新培育替代产业集群。大力扶持发展前景好的劳动密集型产业,增加区域的就业容量。

6.2.3 财政政策

财政具有经济调控、收入分配和资源配置的功能。矿产资源产业在为经济社会发展做出资源贡献和财税贡献的同时,也产生了巨大的环境和社会成本,为保证区域的可持续发展,就要想方设法在财政政策上弥补矿产资源开发利用所带来的环境影响和社会影响。第一,大力资助环境保护、生态修复;第二,加大区域内创新资本的投入;第三,向高科技产业倾斜;第四,加大农业相关产业投入;第五,加大社会保障体系投入;第六,加大公共基础设施建设投入。通过实施上述积极的财政政策,增强矿产资源开发地区可持续发展的能力。

6.3 矿产资源密集型区域可持续发展的资源路径

6.3.1 加强政府调控和矿产资源规划

矿产资源密集型区域可持续发展,关键是加强政府对资源市场的宏观调控指导，深化矿产资源管理体制的改革，提高矿产资源规划的科学化水平。大力培育矿业权市场，规范矿业权出让行为，大力开展矿业权招标、拍卖的试点和推广工作，推行矿产资源勘查与开发利用的公开、公平竞争机制。根据国家资源开发与利用的整体布局，逐步规范区域的矿产资源规划体系，提升其权威性和严肃性，促进矿产资源开发利用的代代公平和代际公平。矿产资源密集型区域的资源规划要通过市场和宏观调控相结合，以科学性为基础，实现矿产资源的优化配置和合理利用。要加强矿产资源规划实施过程中的监督管理，逐步规范相应的管理制度，并对各有关部门执行矿产资源规划的情况进行监督检查和跟踪调查，落实各项阶段目标的完成。

6.3.2 加大矿产资源勘查力度

围绕矿产资源密集型区域开展矿产资源潜力评估、储量利用调查，全面掌握区域内矿产资源的储量和开发潜力。在比较容易成矿的地区，圈定找矿靶区，加大勘查力度，力争发现新的矿产资源储集地。积极实施接替资源找矿项目，寻找可能存在的隐伏矿床，延长矿产资源的开采年限。

6.3.3 加强生态技术创新

矿产资源密集型区域由于发展的阶段性，不可避免地会面临资源的耗竭与浪费难题，为此应加大生态技术创新力度，提高资源利用率。通过生态技术创新，利用较少的资源，创造更大的价值，减少资源消耗，提高矿产品的附加值，增强矿产资源开发利用的可持续性。生态技术创新还能促进开采部门和制造业部门的关联,推动产业部门间的平衡协调发展,增强区域的产业竞争优势。为此,矿产资源密集型区域应依托重大产业的生态技术创新需求,通过提升区域主导资源型产业的生态技术创新能力为主导,围绕资源开发利用上下游产业链,抓好重点技术攻关,形成一批具有自主知识产权的行业重大关键技术。比如对煤炭资源型区域来说,就是要进一步研究煤炭相关技术,特别是煤制品、气液化制品、煤矸石的综合利用,煤系地层伴生资源的综合利用等与化工、建材有关产业的综合开发等技术,依靠行业兼并和技术进步实现拉长产业链条,增强煤炭企业的市场竞争力和持续发展能力。

6.3.4 完善矿产资源有偿使用制度

完善矿产资源有偿使用制度,用市场手段促进矿产资源的配置公平、合理、高效,保障矿产资源密集型区域的财政收入,促进资源高效开发回收。矿产资源的有偿使用,可以促使矿产资源企业和消费者节约资源,提高矿产资源的开发使用效率。还能从源头上减少污染排放,保护生态环境,有利于矿产资源密集型区域的可持续发展。

6.4 矿产资源密集型区域可持续发展的环境路径

6.4.1 推行清洁生产

矿产资源密集型区域可持续发展要推行清洁生产,变传统的末端治理为源头预防、全程控制,更有效地减少污染、保护环境。要制定一定的激励政策,鼓励企业进行清洁生产,促进使用清洁能源的消费方式,制定清洁生产目标,加强环境审计。政策上支持清洁生产技术的研发和扩散。在矿产资源产业的采矿、选矿、冶炼等各个环节实行清洁生产,最大限度地减少废弃物的产生。

6.4.2 完善生态补偿机制

矿产资源开发、利用过程中不可避免地造成了环境污染和生态破坏,按照谁开发谁保护、谁破坏谁治理、谁受益谁补偿的原则,建立生态补偿机制,促进矿产资源密集型区域生态环境的修复治理。根据各个矿区的不同开发情况和各矿区生态资源差异性情况实施有区别的生态补偿政策;完善生态补偿定价机制,科学核定生态环境资源价值,合理确定生态补偿标准;完善生态补偿实施机制,通过不同的补偿方式促进生态环境的修复和受损者的补偿;积极探索生态补偿市场机制;优化生态补偿监督机制,包括生态补偿纠偏机制和补偿效果评价机制;完善矿产资源产业生态补偿的相关法律法规,使生态补偿的实施有法可依。

6.4.3 加强环境治理

坚持矿产资源的开发和生态环境的保护相互促进,推进矿产资源密集型区域的可持续发展。对新建矿区应做好开发前的环境影响评价工作,预防环境污染和生态破坏,对可能造成生态环境损害不能恢复的项目要禁止；在矿产资源开发阶段应加强环境监理和生态监管，确保防治环境污染、生态破坏工作以及其他的环境保护工作与矿产资源的开发同步进行，做好同步恢复治理。加快区域内已经形成的地质灾害区进行生态修复和环境治理。加强尾矿库闭库后期管理工作。提高环境准入标准，控制矿产资源开发强度，最大可能地减少对自然生态环境的破坏。高度重视因矿产资源开发所引起的生态问题，做好修复治理工作。

6.5 本章小结

本章根据第五章案例分析结果结合第三章构建的基于生态创新的矿产资源密集型区域可持续发展框架体系及其运行机制，从可持续发展系统的整体性出发，提出基于生态创新的矿产资源密集型区域可持续发展水平的提升路径选择。社会路径方面：加强生态创新制度建设，建立健全社会保障体系，加快公共基础设施建设，加快创新能力建设；经济路径方面：完善税收调控政策，推进经济转型的产业政策、提升区域竞争优势的财政政策；资源路径方面：加强政府调控和矿产资源规划，加大矿产资源勘查力度，加强生态技术创新，完善矿产资源有偿使用制度；环境路径方面：推行清洁生产，完善生态补偿机制，加强环境治理。

第 7 章 结论与展望

7.1 主要结论

本书在矿产资源密集型区域可持续发展的现状及文献述评的基础上，综合运用生态创新、可持续发展、创新系统等理论，提出了基于生态创新视角的矿产资源密集型区域可持续发展的概念框架，并对其动力因素进行了分析，对其运行机制进行了阐述。然后构建了基于生态创新的矿产资源密集型区域的可持续发展评价指标体系。在此基础上，运用综合集成赋权法设计了其综合评价模型，引入惩罚性变权方法构建了其预警模型。同时，结合平顶山市这一典型的矿产资源密集型区域进行了可持续发展评价和预警方面的案例分析。最后根据案例分析结果，结合基于生态创新的可持续发展模式提出有针对性的路径选择。

本书的主要研究工作及结论如下：

① 在对矿产资源密集型区域的发展现状和现有文献对这一问题的研究现状分析的基础上，提出从生态创新这一新的视角研究矿产资源密集型区域的可持续发展。在生态创新观念驱动

下，区域政府通过资源有偿使用、生态补偿、税收调节等政策，实现环境收益；通过政府、企业、居民、非政府组织等观念上的转变，创新基础设施建设、创新资本投入，达到制度、组织、技术上的生态创新，实现政府绿色管理、矿产资源产业链上下游延伸、资源开发利用效率提高、非矿产资源产业快速发展、居民收入增加、环境质量改善、生态服务功能价值提升，形成区域的长期竞争优势，实现区域的自然生态环境、经济、社会的协调持续发展。

② 建立基于生态创新的矿产资源密集型区域可持续发展系统。依据生态创新理论、可持续发展理论、创新系统理论以及基于生态创新的矿产资源密集型区域可持续发展内涵，构建了基于生态创新的矿产资源密集型区域可持续发展系统。在该系统中，政府是区域生态创新环境建设主体，企业是生态技术创新主体，大学和科研机构是知识创新主体，中介机构是可持续发展活动服务主体。然后，从区域核心主体的外部影响因素、内部影响因素和生态创新的技术特点等方面分析了系统的动力影响因素，并在此基础上构建了系统的运行机制，讨论了其内部运作机理。

③ 建立了基于生态创新的矿产资源密集型区域可持续发展的评价指标体系。在生态创新理论的基础上，依据基于生态创新的矿产资源密集型区域可持续发展模式和运行机制，结合矿产资源密集型区域评价指标体系的构建原则，从定性的角度按照指标筛选流程，筛选出包括自然生态环境、社会、经济3个子系统的34个具体指标。引入生态服务功能价值、人类发展指数、全要素生产率3个复合指标，综合反映自然生态环境状况、社会发展状况和生态创新科技对经济发展的贡献。采用层次分

析法(主观赋权法)和熵权法(客观赋权法)相结合的综合集成赋权法,确定评价指标的权重;运用综合指数(LI)、持续指数(SI)和协调指数(CI)这3个指数对矿产资源密集型区域可持续发展状况进行衡量。依据国际、国内有关标准规范和专家经验,确定预警指标警限。

④ 选取了"全国第二大煤城"平顶山市这一典型矿产资源密集型区域进行了案例分析,并依据前文所设计的评价指标体系,通过文献检索、现场考察、专家访谈等方法,收集相关数据,对平顶山市的可持续发展状况进行分析和预警。通过对平顶山市可持续发展水平的评价和预警结果分析,可以看出,平顶山市在2005—2012年期间,采取了一定的环境、生态方面的改进措施,使该区域的生态环境变化态势趋向好转。但是,这一期间平顶山市科研机构R&D人员数、技术改造投入等部分反映创新潜力和能力的指标呈波动趋势,没有持续增加,说明该区域对创新能力建设的重视不够。反映到其经济子系统上的结果,就是经济可持续发展水平始终处于有警情的状态,发展速度较慢,产业结构仍以优势资源为基础,资源依赖性较强,资源型产业所占比重过大。在此状况下,如果不采取积极有效的措施,平顶山市的经济发展前景堪忧,甚至到某一时期,当矿产资源价格下跌、替代资源广泛使用或矿产资源衰竭时,平顶山市的经济发展形势必然受阻,进而导致平顶山市的整体发展不可持续。

⑤ 提出了基于生态创新的矿产资源密集型区域可持续发展的路径选择。通过平顶山市的典型案例分析,可以看出:第一,区域生态创新能力状况直接影响区域可持续发展水平。第二,基于生态创新的矿产资源密集型区域可持续发展是一个系统概

念，单纯的某一个或某些因素的改变可能会形成区域某一方面或某一个子系统的快速发展，或者是区域短时期内的快速发展，但如果忽视了其他因素的影响，就会造成区域内三个子系统之间发展的不均衡、不协调，进而影响到该区域发展的可持续。所以说，要想保证矿产资源密集型区域的真正意义上的可持续发展，就要加强区域生态创新能力建设，从区域可持续发展系统的整体性出发，探索能够提升矿产资源密集型区域可持续发展水平的路径。社会路径方面：加强生态创新制度建设，建立健全社会保障体系，加快公共基础设施建设，加快创新能力建设；经济路径方面：完善税收调控政策，推进经济转型的产业政策，提升区域竞争优势的财政政策；资源路径方面：加强政府调控和矿产资源规划，加大矿产资源勘查力度，加强技术创新，完善矿产资源有偿使用制度；环境路径方面：推行清洁生产，完善生态补偿机制，加强环境治理。

7.2 研究展望

矿产资源密集型区域可持续发展是一个系统概念，在我国经济社会发展的全局中起着举足轻重的作用。目前，虽然其相关方面的研究比较多，但研究大多仍处于如何改变其不良发展现状的阶段，没有从较深的层次、从推动可持续发展的动力方面进行深入研究。本书从生态创新的视角、从培育和发展能在未来市场上形成区域长期竞争优势的区域竞争力即区域生态创新能力进行矿产资源密集型区域的可持续发展方面的研究，是研究的进一步深入。但由于其复杂性、系统性，以及笔者在学术方面和资料掌握方面的不足，本书在许多方面仍存在着诸多不足及需要改善和进一步研究的地方，比如：

① 本书认为基于生态创新的矿产资源密集型区域可持续发展，指的是在生态创新观念驱动下，通过区域政府、企业、居民、非政府组织等观念上的转变，公众形成和自然生态环境相协调的生态消费方式和生态生活方式；区域政府、企业、非政府组织（包括研究机构和中介机构）采取积极有效的环境保护措施和对生态创新的持续投入，达到制度、组织、技术上的生态创新，形成基于生态创新的矿产资源密集型区域可持续发展系统，在改善区域环境质量、实现矿产资源产业的持续开发、非矿产资源产业对矿产资源产业的替代与发展、创造就业岗位的同时提升区域的长期竞争优势，促进区域资源、环境、经济和社会的可持续发展。所提框架重点在于理论层面，在具体的操作层面还需要在今后的研究中给予进一步的关注。

② 由于影响矿产资源密集型区域可持续发展的因素较多，因此，如何科学合理地选择相关指标仍有待于进一步深入探讨。本书限于时间以及资料的可获得性等因素的影响，对于指标体系选择的科学性、严密性仍需要进一步深入研究，对于指标体系的普适性也有待于从更多类型的矿产资源密集型区域进行检验。

③ 基于综合集成赋权法的矿产资源密集型区域可持续发展综合评价模型有待进一步完善和推广。主客观赋权的综合运用，虽降低了使用单一方法的缺陷，但如何更加合理地分配主观赋权和客观赋权的权重仍需进一步探讨；综合集成赋权法在区域可持续发展评价中的应用仍处于初始状态，有待于进一步的推广。

④ 矿产资源密集型区域可持续发展的预警模型尚有进一步优化的空间。目前，学界对于矿产资源密集型区域可持续发展动态预警研究方面尚无完整的理论与方法体系，本书尽管做了一定的理论尝试，但有关动态预警模型还有进一步优化的空间。

下一步，笔者将会搜集更多的数据资料，将以上问题作为努力的方向，纳入今后的研究实践中去。

后　记

近些年来，环境的污染、矿产资源价格的调整以及一些矿产资源密集型区域因技术原因造成的资源开发问题和一些区域资源的逐步枯竭，给我们正在持续发展的经济、社会带来了很多问题以及可以预见的更多问题。如何改变这一状况，使这些区域真正可持续发展，一直是诸多学者关注的热点问题。

然而，在现有的文献中，矿产资源产业的可持续发展、矿产资源密集型区域环境质量的改善以及区域经济向多元结构的转换可以改变矿产资源密集型区域的发展现状等方面的研究，从长远来看，并不能形成矿产资源密集型区域的长期竞争优势，也就不能保证矿产资源密集型区域发展的可持续。

本书认为结合区域内的资源禀赋优势，通过矿产资源密集型区域内的社会路径、经济路径、资源路径、环境路径选择来构建能够培育和发展区域生态创新能力的可持续发展系统，形成区域的长期竞争优势，是矿产资源密集型区域可持续发展的根本之路。因此，矿产资源密集型区域在改变当前主要依靠矿产资源产业发展经济现状的同时，培育和发展能在未来市场上形成区域长期竞争优势的区域竞争力，是区域能否真正可持续发展的关键。区域竞争力是区域获得长期竞争优势、保持可持

后　记

续发展的动力。生态创新是围绕改善生态环境、减少资源浪费、减少环境污染等一系列环境保护而展开的创新活动，可以从根本上带动和促进可持续发展及提升竞争力，是一个国家和地区获取持续竞争优势的重要途径。建立在生态创新基础上的区域竞争力即区域生态创新能力是区域政府、企业、大学及科研机构、中介组织在生态创新观念的影响下，结合区域自然禀赋优势长期共同演化形成，其他区域通过模仿不能获得的，是区域能够长期保持可持续发展的能力。区域生态创新能力和区域可持续发展之间存在着正相关的关系。

本书正是在这一背景下完成的。本书的研究成果根植于由中国地质大学（武汉）严良教授领衔的学术团队的长期研究积累，系严良教授主持的国家社会科学基金项目"矿产资源密集型区域可持续发展研究"的阶段性成果。作为我的博士生导师，严老师在为人处事、科研学业、日常生活中的言传身教使我获益匪浅，严老师待人的真诚宽容、治学的严谨、学识的渊博深深教育并影响着我的为人和治学。在本书的行文过程中，严老师对论文的选题、文章的架构、内容的繁简、观点的提炼以及字字句句的修改都给予了悉心的指导。值此书稿出版之际，谨向我的导师严良教授致以最诚挚的感谢和敬意！在未来的人生道路上，我将谨记导师的教诲，加倍努力来回报导师多年来的培养和关心。

感谢中国地质大学（武汉）经济管理学院的杨昌明教授、杨树旺教授、余敬教授、帅传敏教授、诸克军教授、余瑞祥教授，感谢团队中的谢雄标老师、孙理军老师、刘家国老师、武剑老师和团队中的其他老师、同学在本书写作过程中给予的宝贵建议。

感谢我在平顶山市的朋友们，他们在我调研期间给予的大力支持，为书稿的顺利完成奠定了基础。

感谢武汉大学出版社的任仕元老师和我的朋友王超老师以及其他对于本书出版给予鼓励和支持的朋友们。

感谢南阳理工学院的领导和同事们给予我的理解和支持。

感谢我的父母、岳父母、妻子、儿子在我学习、写作过程中给予我的关心和鼓励。

尽管在写作过程中力求问题科学、研究创新、思路严谨，但许多问题仍有进一步深入研究的空间，对于书中的不当和错误之处，也恳请各位读者批评指正。

我的 E-mail：wuzhany@163.com。

不胜感激！

吴战勇

2016 年 12 月

参 考 文 献

[1] 朱训. 21世纪中国矿业城市形势与发展战略思考[J]. 中国矿业, 2002, 11(1): 1-9.

[2] 沈镭, 程静. 矿业城市可持续发展的机理初探[J]. 资源科学, 1999, 21(1): 44-50.

[3] 胡魁. 中国矿业城市基本问题[J]. 资源·产业, 2001(5): 8-10.

[4] 王吉生, 郭舒, 郑春颖. 资源型城市战略制定的理论依据与模式选择[J]. 资源·产业, 2005, 7(5): 10-14.

[5] 高建民. 矿产资源型县域经济的内涵、特征与发展趋势[J]. 河北师范大学学报, 2011, 34(6): 52-61.

[6] 谢武明, 刘敬勇. 资源型矿业城市可持续发展存在的问题及其对策[J]. 中国矿业, 2009, 18(8): 7-10.

[7] 杨金燕, 杨锴, 田丽燕, 等. 我国矿山生态环境现状及治理措施[J]. 环境科学与技术, 2012, 35(12J): 182-188.

[8] 董颖. 企业生态创新的机理研究[D]. 浙江大学, 2011.

[9] 蔡乌赶, 周小亮. 基于多层二元选择模型的企业生态创新影响因素研究[J]. 东南学术, 2014(1): 168-174.

[10] Rosenstein-Rodan P N. Notes on the theory of the "big

push" [R]. Cambridge, Mass: Center for International Studies, Massachusetts Institute of Technology, 1957.

[11] Prebisch R. Economic Commission for Latin America. The economic development of Latin America and its principal problems[M]. New York: United Nations, 1950.

[12] Singer H W. The distribution of gains between investing and borrowing countries [J]. American Economic Review, 1950, 40(2): 473-485.

[13] Sachs J D, Warner A M. Natural resource abundance and economic growth [R]. National Bureau of Economic Research, 1995.

[14] Torvik R. Natural resources, rent seeking and welfare [J]. Journal of Development Economics, 2002, 67(2): 455-470.

[15] Arezki R, Van der Ploeg R. Can the natural resource curse be turned into a blessing? The role of trade policies and institutions[J]. IMF Working Papers, 2007: 1-34.

[16] Papyrakis E, Gerlagh R. The resource curse hypothesis and its transmission channels[J]. Journal of Comparative Economics, 2004, 32(1): 181-193.

[17] Collier P, Goderis B. Commodity prices, growth and the natural resource curse: reconciling a conundrum[Z]. MPRA Paper No. 17315, 2009.

[18] Cecilia Collads and Timothy P. Duane. Natural capital and quality of life: a model for evaluating the sustainability of alternative regional development paths [J]. Ecological Economics, 1999(9): 441-460.

参考文献

[19] David Simon and Sarah L. Birch. Formalizing the informal sector in a changing South Africa: Small-scale manufacturing on the Witwatersrand[J]. World Development, 1992(7): 1029-1045.

[20] Wellmer F W, Becker-Platen J. Sustainable development and the exploitation of mineral and energy resources: a review[J]. International Journal of Earth Sciences, 2002, 91(5): 723-745.

[21] Rutherford V. Platt. Global and local analysis of fragmentation in a mountain region of Colorado Agriculture[J]. Ecosystems & Environment, 2004(2): 207-218.

[22] Priemus H. Sustainable cities: how to realize an ecological breakthrough: a Dutch approach[J]. International Planning Studies, 1999, 4(2): 213-236.

[23] 国土资源部西部开发办调研组(2002). 西部国土资源开发利用战略问题调研总报告[J]. 国土资源通讯, 2002(7): 36-40.

[24] 贾若祥."中部崛起"的产业优势、问题及发展思路[N]. 中国经济时报, 2005-12-30(5).

[25] 张秀生, 盛见."比较优势陷阱"与中部经济增长[J]. 经济管理, 2008(7): 89-92.

[26] 徐康宁, 王剑. 自然资源丰富程度与经济发展水平关系的研究[J]. 经济研究, 2006(1): 78-89.

[27] 邵帅, 齐中英. 自然资源开发、区域技术创新与经济增长——一个对"资源诅咒"的机理解释及实证检验[J]. 中南财经政法大学学报, 2008(4): 3-9.

[28] 邵帅, 齐中英. 资源输出型地区的技术创新与经济增长——对"资源诅咒"现象的解释[J]. 管理科学学报, 2009, 12 (6): 23-33.

[29] 刘长生, 简玉峰, 陈华. 中国不同省份自然资源禀赋差异对经济增长的影响[J]. 资源科学, 2009, 31 (6): 1051-1060.

[30] 邵帅, 杨莉莉. 自然资源丰裕、资源产业依赖与中国区域经济增长[J]. 管理世界, 2010(9): 36-44.

[31] 李国平, 宋文飞. 区域矿产资源开发模式、生态足迹效率及其驱动因素[J]. 财经科学, 2011(6): 101-109.

[32] 周建发. "资源诅咒"与我国资源型地区发展[J]. 中国经贸导刊, 2012(6): 44-45.

[33] 黄悦, 刘继生, 张野. 资源丰裕程度与经济发展关系的探讨[J]. 地理科学, 2013, 33(7): 873-877.

[34] 马立强, 马添, 朱萌. 矿区资源优势向发展优势转化的途径——兼论矿区"资源诅咒"陷阱成因及其破解[J]. 山东工商学院学报, 2014, 28(1): 53-58.

[35] Hartwick J M. Intergenerational equity and the investing of rents from exhaustible resources [J]. The American Economic Review, 1977: 972-974.

[36] Mikesell R F. Viewpoint: sustainable development and mineral resources[J]. Resources Policy, 1994, 20(2): 83-86.

[37] Santos T M, Zaratan M L. Mineral resources accounting: A technique for monitoring the Philippine mining industry for sustainable development[J]. Journal of Asian Earth Sciences, 1997, 15(2): 155-160.

参考文献

[38] Leamont D R. Minging must show it is sustainable[J]. Mining Engineering, 1997(1).

[39] Amankwah R K, Anim-Sackey C. Strategies for sustainable development of the small-scale gold and diamond mining industry of Ghana[J]. Resources Policy, 2003, 29(3): 131-138..

[40] Bernadette O'Regan. Using system dynamics to model the interaction between environmental and economic factors in the mining industry[J]. Journal of Cleaner Production, 2006(14): 689-707.

[41] Gavin M. Hilson. Introduction to this special issue, "Improving Environmental: Economic and Ethical Performance in the Mining Industry". Part 1: Environmental Management and Sustainable Development[J]. Journal of Cleaner Production, 2006(14): 225-226.

[42] Christmanna P, Arvanitidisa N, Martinsa L, Recochea G, Solara S. Towards the sustainable use of mineral resources: A European geological surveys perspective[J]. Minerals and Energy, 2007, 22(3-4): 88-104.

[43] 成金华. 市场经济与我国资源产业的发展[M]. 北京：中国地质大学出版社，1997.

[44] 李燕群，贾瑞强. 循环经济在矿业中的运用[J]. 矿业快报，2006(11): 5-8.

[45] 郑金鑫. 我国矿产资源可持续发展探讨[J]. 中国矿业，2012, 21(7): 34-36.

[46] 董武斌，白俊. 峨口铁矿矿产资源综合利用生产实践[J].

露天采矿技术, 2007(2): 67-69.

[47] 魏晓平, 李昆. 异质性市场结构下的能源开采次序优化研究[J]. 能源技术与管理, 2007(5): 1-4.

[48] 谢雄标, 严良. 矿产资源产业可持续发展研究综述[J]. 中国国土资源经济, 2009(7): 13-16.

[49] 孟令刚, 孙忠强. 矿产资源产业开发与可持续发展[J]. 现代矿业, 2010(10): 10-12.

[50] 罗小南. 关于矿产资源整合所面临困局的思考[J]. 中国国土资源经济, 2010(11): 30-32.

[51] 谢雄标, 严良, 罗斌. 矿产资源产业可持续发展模式及机制分析[J]. 科技管理研究, 2011(22): 108-112.

[52] 汪民. 中国矿产资源与可持续发展[J]. 中国科学院院刊, 2012, 27(3): 320-325.

[53] 杨琢, 马向平. 我国煤炭资源可持续发展的法律政策思考[J]. 煤炭技术, 2012, 31(6): 3-5.

[54] 雷佑新, 尹斯斯, 黄寰. 矿产资源可持续利用能力的研究[J]. 经济问题, 2013(6): 36-39.

[55] 纪玉山, 卢婧, 刘洋. 低碳经济条件下我国矿产资源开发利用规划体系研究[J]. 当代经济研究, 2013(4): 43-46.

[56] 王斌. 我国绿色矿山评价研究[D]. 中国地质大学(北京), 2014.

[57] 吴战勇, 严良. 区域矿产资源的演化路径与可持续发展效率评估[J]. 中国矿业, 2014, 23(5): 44-47.

[58] Bradbury J H. Towards an alternative theory of resource-based town development in Canada[J]. Economic Geography, 1979: 147-166.

参 考 文 献

[59] Marsh B. Continuity and decline in the anthracite towns of Pennsylvania [J]. Annals of the Association of American Geographers, 1987, 77(3): 337-352.

[60] Gill A M. Enhancing social interaction in new resource towns: planning perspectives [J]. Journal of Economic and Social Geography(TESG), 1990, 81(5): 348-363.

[61] Priemus H. Sustainable cities: how to realize an ecological breakthrough: a Dutch approach [J]. International Planning Studies, 1999, 4(2): 213-236.

[62] Mélanie J, Gleeson T, Rogers N, et al. The energetic north: development gains and growing pains[D]. General Information, 2009(4): 11-13.

[63] Fagerberg J, Verspagen B. Innovation studies—The emerging structure of a new scientific field[J]. Research Policy, 2009, 38(2): 218-233.

[64] Saether B, Isaksen A, Karlsen A. Innovation by co-evolution in natural resource industries: The Norwegian experience[J]. Geoforum, 2011, 42(3): 373-381.

[65] 沈镭, 程静. 论矿业城市经济发展中的优势转换战略[J]. 经济地理, 1998(2): 41-45.

[66] 张以诚. 我国矿业城市现状和可持续发展对策[J]. 中国矿业大学学报(社会科学版), 1999(1): 75-80.

[67] 赵天石. 我国资源型城市产业结构转型的制约因素及对策分析[J]. 理论探讨, 2004(6): 61-62.

[68] 沙景华, 佘延双. 东北资源型城市产业结构转换比较研究[J]. 中国矿业, 2006(8): 4-7.

[69] 康乐. 山西省资源型城市可持续发展对策[J]. 广西师范学院学报(自然科学版), 2006(6): 73-77.

[70] 李咏梅. 资源型城市的环境保护与可持续发展[J]. 生产力研究, 2006(6): 125-127.

[71] 朱明峰, 冯少茹, 潘国林. 资源型城市可持续发展与生态城市建设[J]. 合肥工业大学学报(自然科学版), 2005(2): 155-158.

[72] 张军涛. 从代际公平的角度研究资源型城市的可持续发展[J]. 资源·产业, 2001(4): 27-28.

[73] 李茹宝. 税收政策如何支持资源型城市可持续发展[J]. 涉外税务, 2008(5): 69-71.

[74] 田秀兰, 于恒辉, 刘广. 外汇外贸政策调整与资源型城市可持续发展问题研究[J]. 甘肃金融, 2008(5): 28-30.

[75] 鲍寿柏, 胡兆量, 焦华富. 专业性工矿城市发展模式[M]. 北京: 科学出版社, 2000.

[76] 刘爽, 汪安佑. 大庆、鞍山、抚顺、鸡西、鹤岗经济转型的现有模式分析[J]. 中国矿业, 2006(4): 30-33.

[77] 张冬冬. 论资源型城市的可持续发展战略[J]. 商业时代, 2007(9): 6-7.

[78] 段彩芹, 李宁, 崔爱平, 金浩. 矿产资源型城市经济转型中接替主导产业研究[J]. 河北经贸大学学报, 2011(4): 67-70.

[79] 龙如银, 周德群. 矿业城市可持续发展的系统结构及其调控研究[J]. 科学管理研究, 2003(2): 43-46.

[80] 高建民. 矿产资源型县域经济的内涵、特征与发展趋势[J]. 河北师范大学学报, 2011, 34(6): 52-61.

参 考 文 献

[81] 杜辉. 资源型城市可持续发展保障的策略转换与制度构造[J]. 中国人口·资源与环境, 2013, 23(2): 88-93.

[82] 付桂军, 齐义军. 煤炭资源型区域可持续发展水平比较研究[J]. 干旱区资源与环境, 2013, 27(4): 106-110.

[83] 郭丕斌, 周喜君, 李丹. 煤炭资源型经济转型的困境与出路: 基于能源技术创新视角的分析[J]. 中国软科学, 2013(7): 39-46.

[84] 王海燕. 煤炭资源型城市生态化发展探索[J]. 煤炭工程, 2014, 46(2): 101-105.

[85] 武非平. 资源型城市生态环境指标体系研究——以太原市为例[J]. 理论探索, 2014, 205(1): 102-105.

[86] 陈江波, 汤杰. 我国资源型城市生态转型问题研究[J]. 商业经济, 2014, 440(2): 1-5.

[87] Azapagic A. Developing a framework for sustainable development indicators for the mining and minerals industry[J]. J. Cleaner Prod, 2004(12): 639-662.

[88] Krajnc D, Glavič P. A model for integrated assessment of sustainable development[J]. Resources, Conservation and Recycling, 2005, 43(2): 189-208.

[89] O'Regan B, Moles R. Using system dynamics to model the interaction between environmental and economic factors in the mining industry[J]. Journal of Cleaner Production, 2006, 14(8): 689-707.

[90] Missimer M, Robèrt K H, Broman G, et al. Exploring the possibility of a systematic and generic approach to social sustainability[J]. Journal of Cleaner Production, 2010, 18

(10): 1107-1112.

[91] Sinclair P. "Describing the elephant": A framework for supporting sustainable development processes[J]. Renewable and Sustainable Energy Reviews, 2011, 15(6): 2990-2998.

[92] Golusin M, Ivanovic O M, Teodorovic N. The review of the achieved degree of sustainable development in South Eastern Europe—The use of linear regression method[J]. Renewable and Sustainable Energy Reviews, 2011, 15(1): 766-772.

[93] 汤万金, 高林, 吴刚, 李祥仪. 矿区可持续发展系统动力学模拟与调控[J]. 生态学报, 2000(1): 20-27.

[94] 朱德元. 资源型城市经济转型研究[M]. 北京: 中国经济出版社, 2005.

[95] 杨昌明, 洪水峰. 矿产资源可持续发展指标探讨——焦点问题法[J]. 资源·产业, 2001(1): 29-31.

[96] 余敬, 姚书振. 矿产资源可持续力及其系统构建[J]. 地球科学(中国地质大学学报), 2002, 27(1): 85-89.

[97] 余敬, 高谋艳. 矿业城市矿产资源可持续力比较评价[J]. 地球科学(中国地质大学学报), 2007, 32(1): 123-129.

[98] 李晶. 资源枯竭型城市可持续发展评价指标体系模型初探[J]. 资源·产业, 2005, 7(4): 7-8.

[99] 朱明峰, 洪天求, 叶强. 基于神经网络的资源型城市可持续发展指标体系[J]. 中国科学技术大学学报, 2005, 35(3): 425.

[100] 苏哲. 西部资源型城市可持续发展指标评价体系研究[J]. 环境与可持续, 2007(5): 19-22.

[101] 王菲. 矿产资源型城市可持续发展评价指标体系的构建研

究[J]. 内蒙古石油化工, 2008(8): 25-27.

[102] 吴冠岑, 刘友兆, 付光辉. 可持续发展理念下的资源型城市转型评价体系[J]. 资源开发与市场, 2007(1): 28-31.

[103] 刘剑平, 陈松岭, 易龙生. 资源型城市可持续发展指标体系的重塑[J]. 水土保持通报, 2007(10): 79-82.

[104] 臧淑英, 智瑞芝, 孙学孟. 基于生态足迹模型的资源型城市可持续发展定量评估——以黑龙江省石油城市大庆市为例[J]. 地理科学, 2006(4): 420-425.

[105] 李明明, 廖强, 等. 资源型城市可持续发展动态评价研究[J]. 国土资源科技管理, 2008(3): 21-25.

[106] 张永凯. 熵值法在干旱区资源型城市可持续发展评价中的应用[J]. 资源与产业, 2006(10): 1-6.

[107] 王世鹏. 我国区域矿产资源、环境与经济社会协调发展度评价研究[J]. 资源与产业, 2010(6): 125-129.

[108] 王丽琼, 王铁骊, 楚燕婷. 煤炭资源型城市可持续发展的系统动力学模型及应用[J]. 工业技术经济, 2010, 7(29): 97-101.

[109] 单惠婷. 黑龙江省经济可持续发展能力研究[D]. 哈尔滨工程大学, 2011.

[110] 齐义军, 付桂军. 典型资源型区域可持续发展评价——基于模糊综合评价研究方法[J]. 中央民族大学学报(哲学社会科学版), 2012, 39(3): 117-123.

[111] 汪克亮, 严慧斌, 孟祥瑞. 煤炭资源型城市可持续发展能力评价研究——基于熵权因子分析法[J]. 工业技术经济, 2013(12): 108-117.

[112] 段永峰, 罗海霞. 基于DEA的资源型城市低碳经济发展

的效率评价——以内蒙古地级资源型城市为例[J].科技管理研究,2014(1):234-238.

[113] 张以诚.矿业城市与可持续发展[M].北京:石油工业出版社,1998.

[114] 胡魁.中国矿业城市基本问题[J].资源产业,2001(5):8-10.

[115] 国家计委宏观经济研究院课题组.我国资源型城市的界定与分类[J].宏观经济研究,2002(11):37-39.

[116] 高天明.我国资源型城市界定及发展特征研究[D].中国地质大学(北京),2010.

[117] 沈镭.中国资源型城市转型的理论与案例研究[D].中国科学院研究生院,2005.

[118] 陈龙桂.区域发展评价方法研究[M].北京:中国市场出版社,2011.

[119] 余际从.矿业城市界定及可持续发展研究[J].北京:地质出版社,2009.

[120] 万会,孙玉建,王珏.我国矿业城市研究[J].中国矿业,2006,15(12):1-4.

[121] 煤炭开发与环境保护战略研究.中国煤炭经济研究[C].2009.

[122] 周妍,周伟,白中科.矿产资源开采土地损毁及复垦潜力分析[J].资源与产业,2013,15(5):100-107.

[123] 耿世刚.浅谈可持续发展的内涵与系统特征[J].中国环境管理干部学院学报,2004,14(3):12-15.

[124] 欧阳锋,周济.可持续发展的内涵与思想源泉[J].厦门大学学报,1998(2):106-112.

参考文献

[125] Fussler C, James P. Eco-innovation: A breakthrough discipline for innovation and sustainability [M]. London: Pitman Publishing, 1996.

[126] James P. The Sustainability Circle: a new tool for product development and design [J]. Journal of Sustainable Product Design, 1997, 2(5): 52-57.

[127] Rennings K. Redefining innovation: Eco-innovation research and the contribution from ecological economics[J]. Ecological Economics, 2000(2): 319-332.

[128] Kemp R, Pearson P. Measuring Eco-innovation [Z]. MEI project Final Report, Maastricht: UNU-MERIT, 2008: 1-40.

[129] OECD. Sustainable Manufacturing and Eco-innovation Paris OECD, 2009.

[130] Kemp R, Foxon T. Eco-innovation from an innovation dynamic perspective[DB/OL]. [2007-01-02]. http://www.merit.unu.edu/MEI/deliverables/MEI%20D1%20Ecoinnovation%20from%20an%20innovation%20dynamics%20perspective.pdf.

[131] OECD. Sustainable manufacturing and eco-innovation: Framework, practices and measurement [DB/OL]. [2011-12-15]. http://www.oecd.org/dataoecd/15/58/43423689.pdf.

[132] Rennings K, Zwick T. The employment impact of cleaner production on the firm level empirical evidence from a survey in five european countries [Z]. ZEW Discussion Paper, 2011: 01-08.

[133] Carrillo-Hermosilla J, del Río González P, Konnola T. Eco-

innovation[M]. UK: Palgrave Macmillan, 2009.

[134] 刘思华. 对可持续发展经济的理论思考[J]. 经济研究, 1997(3): 46-54.

[135] 刘思华. 生态创新: 经济可持续发展的不竭源泉与基础[A]. 理论·改革·发展, 1998(10): 452-454.

[136] 夏顺忠, 杨贵珍. 知识经济的创新[J]. 生态经济, 1999(12): 61-62.

[137] 严立冬. 经济可持续发展的生态创新[M]. 北京: 中国环境科学出版社, 2002.

[138]《我国循环经济发展战略研究》课题组. 发达国家发展循环经济的基本经验[J]. 宏观经济研究, 2005(4): 21-23.

[139] 冯之浚. 循环经济与立法研究[J]. 中国软科学, 2006(1): 7-12.

[140] 李伟, 严汉平. 我国循环经济发展的新模式: 双系统循环共生模式[J]. 福建论坛, 2009(6): 27-30.

[141] 孙曙生. 论废弃品问题与生产者责任延伸制度的回应[J]. 生态经济, 2007(9): 72-76.

[142] 王虹, 叶逊. 生态工业园中企业的动力机制分析[J]. 环境保护, 2005(7): 72-75.

[143] 联合国环境规划署. 全球环境展望[M]. 北京: 中国环境科学出版社, 2007.

[144] 严茂超. 生态经济学新论: 理论、方法与应用[M]. 北京: 中国经济出版社, 2001.

[145] 丹尼斯·米都斯. 增长的极限[M]. 成都: 四川人民出版社, 1984.

[146] 曲格平. 中国的环境与发展[M]. 北京: 中国环境科学出

219

版社，1992.

[147] 刘思华. 绿色经济论——经济发展理论变革与中国经济再造[M]. 北京：中国财经经济出版社，2001.

[148] 廖福林. 生态文明建设的理论与实践[M]. 北京：林业出版社，2001.

[149] 陶在朴. 生态包袱与生态足迹[M]. 北京：经济科学出版社，2003.

[150] 隋春花，蓝盛芳. 广州城市生态系统能值分析研究[J]. 重庆环境科学，2001，23(5)：4-6.

[151] 蔡林海. 低碳经济：绿色革命与全球创新竞争大格局[M]. 北京：经济科学出版社，2009.

[152] 付允，等. 低碳经济的发展模式研究[J]. 中国人口·资源与环境，2008(3)：12-16.

[153] 吴传钧. 论地理学的研究核心——人地关系地域系统[J]. 经济地理，1991，11(3)：1-6.

[154] 洪银星. 可持续发展经济学[M]. 北京：商务印书馆，2002.

[155] Cooke P. Regional innovation systems: competitive regulation in the new Europe[J]. Geoforum, 1992, 23(3): 365-382.

[156] Cooke P, Hans Joachim Brazyk H J and Heidenreich M. Regional innovation systems: The role of govermance in the globalized world[M]. London: UCL Press, 1996.

[157] Wiig H, Wood M. What comprises a regional innovation system? An empirical study[J]. http://www.nifu.no/files/2012/11/STEPrapport1-1995.pdf.

[158] Lundvall B A. Product innovation and user-producer interaction

[M]. Aalborg University Press, 1985.

[159] Lundvall B A. National systems of innovation: towards a theory of innovation and interactive learning[M]. London: Pinter Publishers, 1992.

[160] Freeman C. Technology policy and economic performance: Lessons from Japan[M]. Pinter Pub Ltd, 1987.

[161] Edquist C. System of innovation: Technologies, institutions and organizations[M]. London and Washington Pinter, 1997.

[162] Nelson R R. National innovation systems: A comparative analysis[M]. New York: Oxford University Press, 1993.

[163] Nelson R R. The sources of economic growth[M]. Harvard University Press, 1996.

[164] Asheim B T, Isaksen A. Location, agglomeration and innovation: towards regional innovation systems in Norway? [J]. European Planning Studies, 1997, 5(3): 299-330.

[165] Asheim B T, Isaksen A. Regional innovation systems: the integration of local 'sticky' and global 'ubiquitous' knowledge[J]. The Journal of Technology Transfer, 2002, 27(1): 77-86.

[166] Kuhlmann S. European/German efforts and policy evaluation in regional innovation[J]. Tokyo: NISTEP, 2004, 25.

[167] 王春法. 国家创新体系理论的八个基本假定[J]. 科学学研究, 2003, 21(5): 533-538.

[168] 王春法. 关于国家创新体系理论的思考[J]. 中国软科学, 2003(5): 99-104.

[169] 冯之浚. 国家创新系统的理论与政策[M]. 北京: 经济科

学出版社，1999.

[170] 吴贵生. 区域创新体系与区域经济的互动发展[J]. 重庆商学院学报，2002(4)：3-3.

[171] 朱付元. 区域创新系统及其识别方法研究[J]. 科技管理研究，2005(3)：41-45.

[172] Porter. The Competitive Advantage of Nations [M]. The Macmillan Press, 1990.

[173] OECD. The Knowledge based economy. The National Innovation System[R]. 1997.

[174] Patel P, Pavitt K. National innovation systems：Why they are important, and how they might be measured and compared [J]. Economics of Innovation and New Technology, 1994 (3)：77-95.

[175] 官建成，刘顺忠. 区域创新系统测度的研究框架和内容[J]. 中国科技论坛，2003(2)：24-26.

[176] 任胜钢，关涛. 区域创新系统内涵、研究框架探讨[J]. 软科学，2006，20(4)：90-94.

[177] 张敦富，等. 知识经济与区域经济[M]. 北京：中国轻工业出版社，2000.

[178] 周德群，吴永勤. 论我国煤炭资源储采比与可持续利用问题[A]. 全国青年管理科学与系统科学论文集(第5卷)，1999.

[179] Costanza R, R Arge, R Groot, etal. 全球生态系统服务与自然资本的价值估算[J]. 生态学杂志，1999，18(2)：70-78.

[180] 谢高地，张钇锂，鲁春霞，等. 中国自然草地生态系统服

务价值[J]. 自然资源学报, 2001, 16(1): 47-53.

[181] 赵今朝, 龚唯平. 产业结构系数: 经济增长理论分析的新思路[J]. 学术研究, 2009(7): 97-102.

[182] 邱东. 多指标综合评价方法的系统分析[M]. 北京: 中国统计出版社, 1991.

[183] 李长胜, 邓宝忠. 龙江县可持续发展指标体系的研究[J]. 哈尔滨师范大学自然科学学报, 2007, 23(5): 104-105.

[184] 刘坚, 李新萍, 温凤梧. 综合素质评价中权系数的确定方法[J]. 统计与决策, 2005(8): 48-50.

[185] 朱幼垓. 基于熵值法福州市土地集约利用评价[J]. 台湾农业探索, 2010(04): 57-59.

[186] 李勇灼. 如何构建企业预警管理系统[J]. 北方经贸, 2006(6): 46-48.

[187] 郭永奇. 基于生态安全的兵团农地利用评价及优化研究[D]. 石河子: 石河子大学, 2011.

[188] 吴延熊. 区域森林资源预警系统的研究[M]. 昆明: 云南科技出版社, 1999: 3-15.

[189] 王宏昌, 魏晶, 姜萍, 等. 辽西大凌河流域生态安全评价[J]. 应用生态学报, 2006, 17(12): 2426-2430.

[190] 邓聚龙. 灰色预测与决策[M]. 武汉: 华中理工大学出版社, 1990.

[191] 刘思峰, 党耀国, 方志耕, 等. 灰色系统理论及其应用[M]. 北京: 科学出版社, 2004.

[192] 傅立. 灰色系统理论及其应用[M]. 北京: 科学技术文献出版社, 1992.

[193] 傅伯杰. 土地生态系统的特征及其研究的主要方面[J].

生态学杂志,1985(1):35-38.

[194] 姚炳学,李洪兴. 局部变权的公理体系[J]. 系统工程理论与实践,2000(1):106-109.

[195] 吴冠岑,牛星. 土地生态安全预警的惩罚型变权评价模型及应用——以淮安市为例[J]. 资源与科学,2010,32(5):992-999.

[196] 朱哗,叶民强. 区域可持续发展预警系统研究[J]. 华侨大学学报(哲学社会科学版),2002(1):32-38.

[197] 文俊. 区域水资源可持续利用预警系统研究[D]. 南京:河海大学,2006.

[198] 李德清,郝飞龙. 状态变权向量的变权效果[J]. 系统工程理论与实践,2009,29(6):127-131.

[199] 滕蕴娴. 基于层次分析法的区域可持续发展指标体系的研究[D]. 天津大学,2009.

[200] 陈昭华,刘跃前. 论正式制度和非正式制度的关系[J]. 科学进步与对策,2003(5):148-149.

[201] 马智胜,马勇. 试论正式制度和非正式制度的关系[J]. 江西社会科学,2004(7):121-123.